Iniciación a la Numerología Caldea

Desvela el poder secreto de los números

con tablas y cálculos
para su guía interior

TEMPLUM DIANAE
- MEDIA -

Obra editada por: 'Templum Dianae Media'.
Ilustraciones y portada por: "Templum Dianae Media"
Maquetación y formato por: "Templum Dianae Media
" Contraportada e introducción editadas por: "Templum Dianae Media"

2024 - Todos los derechos reservados

Antes de continuar la lectura, el autor y el editor solicitan explícitamente que lea y comprenda las notas legales con el fin de aclarar ciertos aspectos fundamentales de la relación entre las partes.

Aviso legal:

este libro está sujeto a derechos de autor exclusivos; su lectura está destinada exclusivamente al uso personal. Tenga también en cuenta que está estrictamente prohibido modificar o utilizar cualquier sección de este libro, ya sea de forma gratuita u onerosa; está estrictamente prohibido utilizar, citar o parafrasear cualquier sección o secciones de este libro o de su contenido sin el consentimiento escrito y firmado del autor y/o del editor.

Nota legal sobre la no responsabilidad del autor y el editor:

El autor y el editor afirman y reiteran que toda la información contenida en esta obra, tomada individualmente o en su conjunto, dependiendo de la sensibilidad de cada lector o lectora, puede tener una finalidad didáctico-educativa o de mero entretenimiento.

El autor y el editor de este volumen, al tiempo que recuerdan a todos los lectores que no se ofrece ninguna garantía explícita o implícita, afirman y reiteran que toda la información contenida en esta obra, al proceder de la lectura crítica de diversas fuentes, posee el más alto grado de exactitud, fiabilidad, actualidad y exhaustividad en relación con su capacidad de investigación, síntesis, tratamiento y organización de la información.

Los lectores son conscientes de que el autor no está obligado en modo alguno a proporcionar ningún tipo de asistencia o asesoramiento legal, financiero, médico o profesional, y de hecho recomienda que antes de intentar cualquiera de las técnicas o acciones expuestas en este libro, se pongan en contacto con un profesional legalmente cualificado, de acuerdo con la legislación vigente.

Al leer esta introducción, cada lector acepta, explícita o implícitamente, que en ningún caso el autor y/o el editor serán responsables de cualquier pérdida, directa o indirecta, derivada del uso de la información contenida en este libro, incluidos, entre otros, errores, omisiones o inexactitudes.

www.templumdianae.com

contenido incluido

¡Enhorabuena por conseguir este libro!
Si quieres atraer y manifestar más Amor y Abundancia y descubrir más sobre la espiritualidad, únete a la comunidad de Templum Dianae y recibe 1 mp3 de meditación guiada para despertar tu interior.

Esta meditación guiada está diseñada para manifestar tus deseos en la vida cotidiana.

Siga este enlace
templumdianae.com/es/bookmp3/

SI NO CONOCE TEMPLUM DIANAE

¿Te sientes perdido, desconectado de tu esencia más profunda?

Lo has intentado todo: meditación, yoga, lecturas espirituales. Sin embargo, ese vacío interior persiste. Las relaciones no despegan, el dinero parece eludirte y la serenidad es un espejismo lejano.

Es hora de dejar de eludir el problema y abordarlo de frente.

Bienvenida a *Templum Dianae*, el lugar donde las mujeres despiertan a su auténtico poder. Nacido en Italia en 2013, nuestro blog está escrito **por brujas para brujas**. No nos escondemos detrás de palabras dulces o promesas vanas. Estamos aquí para sacudirte, provocarte, empujarte más allá de tus límites.

¿Por qué conformarse con una vida mediocre cuando puedes tener todo lo que deseas?

Cada mes, más de **247.000 personas** entran en contacto con nuestros materiales a través de todos nuestros canales. *Templum Dianae Media* es el corazón palpitante de este movimiento, un proyecto editorial que publica cientos de libros cada año en más de **6 idiomas**. Desde nuevos textos revolucionarios hasta reediciones de antiguos grimorios, ofrecemos poderosas herramientas para transformar tu realidad.

No es sólo teoría. Es práctica, acción, transformación.

Esto es lo que dicen algunas mujeres que han cambiado de vida gracias a nosotros:

"*Gracias a Templum Dianae, he atraído el amor auténtico a mi vida. Las relaciones tóxicas son cosa del pasado*". - **Sara M.**

"*Las técnicas de manifestación económica realmente funcionan. He visto crecer mi cuenta bancaria como nunca*". - **Luisa D.**

"*He vuelto a encontrarme a mí misma. La conexión con mi poder interior se ha vuelto indestructible*". - **Elena F.**

¿Está preparado para dejar de sobrevivir y empezar a vivir de verdad?

Este libro no es para pusilánimes. Es para quienes están dispuestos a mirarse en el espejo sin filtros, a abrazar su sombra y convertirla en luz.

No pierdas más tiempo. Cada página que leas será un paso hacia la mujer poderosa que estás destinada a ser.

El viaje empieza ahora. ¿Estás con nosotros?

ÍNDICE

Contenido

INICIACIÓN A LA NUMEROLOGÍA

Bienvenido, Buscador.

¿Ha sentido ya ese sutil temblor que se arrastra por sus pensamientos? Es la llamada de lo desconocido, del misterio que se cierne sobre cada figura, cada símbolo que tu alma siempre ha anhelado descifrar.

¿Cómo va su camino?

Tal vez lo sienta plagado de obstáculos, o quizá un poco perdido, buscando una dirección. Es normal, sobre todo al acercarse a conocimientos antiguos como la Numerología Caldea, que durante siglos ocultó sus secretos a quienes no estaban preparados.

En los meses previos a este momento, he escrito innumerables palabras, he llenado páginas y páginas de sabiduría olvidada, tratando de sacar a la luz la profundidad de este arte sagrado. Sin embargo, muchos han confesado sentirse abrumados, perdidos entre los números, incapaces de captar el verdadero mensaje que se esconde tras las matemáticas del alma. Y aquí, el fracaso se atribuye a menudo al alumno, como si fuera culpa suya por no comprender.

Pero escúchame. No te equivocas. Nunca te has equivocado.

El problema es que demasiadas personas, haciéndose pasar por guías espirituales, en realidad no hacen más que alimentar la confusión. Construyen todo un mercado en torno a tu necesidad de respuestas y te venden falsas promesas. Se esconden detrás de palabras como "círculo", "bosque", pretendiendo darte la bienvenida, pero a menudo lo que obtienes son cadenas invisibles, listas para apretar tu alma y distorsionar tu pureza para fines que no te pertenecen. Este no es mi camino, y no será el tuyo.

Estoy aquí para guiarte de verdad, con humildad y respeto por tu investigación. Por eso he optado por revisar cada concepto, por destilar los antiguos conocimientos de la numerología caldea y ofrecértelos de forma clara y accesible, sin disminuir nunca su profundidad. Porque mereces comprender. Mereces ver el diseño oculto en los pliegues de tu destino.

Esto es sólo el principio, un primer paso en un viaje que te llevará a reescribir los paradigmas que te han acompañado hasta ahora. Aprenderás a reconocer las señales, los números que hablan a tu alma, y descubrirás cómo aplicar esta sabiduría a tu vida, a tu corazón, a tu camino.

¿Estás listo para descubrir lo que dicen los números sobre ti?

Numerología caldea

Aunque hoy en día se habla de numerología de muchas formas, hay un sistema que, en el silencio de los siglos, ha destacado por su precisión casi asombrosa: **la Numerología Caldea**. Un sistema antiguo y misterioso que me ha demostrado su poder y su verdad cada vez que me he atrevido a escucharlo.

Los caldeos, sabios observadores de la energía, fueron los primeros en comprender un principio profundo: **todo es vibración**. Cada sonido, cada número, cada letra transporta una energía que se mueve a través de ti y del mundo, influyendo en tu camino, en tus elecciones, en tus sentimientos más íntimos. Han relacionado los sonidos con las vibraciones, las vibraciones con los números y los números con las letras, creando un lenguaje secreto que ahora estás a punto de aprender a descifrar.

A diferencia de otros sistemas, la Numerología Caldea no se limita a mirar superficialmente su nombre o fecha de nacimiento. **Escarba más profundamente**. Cada letra de tu nombre esconde una vibración, un significado que habla de ti, de tu energía única. Y no se detiene ahí. Tu trayectoria vital, lo que has venido a hacer, ser o aprender, se revela a través de las vibraciones de los números que te acompañan desde tu primer aliento.

Este sistema, aunque olvidado durante mucho tiempo, no es tan difícil como dicen. Sí, su antigua complejidad puede parecer intimidante, pero una vez que hayas desentrañado sus secretos, se convertirá en un valioso aliado, un faro en la oscuridad de tus dudas e incertidumbres.

Te dará un mapa no sólo de ti mismo, sino también de las personas que te cruces en tu camino.

Imagina que tienes un proyecto personal que te guía en cada decisión. Una forma de entender por qué ciertas relaciones entran en tu vida y otras la abandonan, por qué algunos caminos te parecen intransitables mientras que otros te atraen como imanes.

La Numerología Caldea no sólo te ofrece esta comprensión, sino que te permite ver más allá de lo visible, percibir las energías que te rodean y utilizarlas para iluminar tu camino emocional y espiritual.

Los antiguos caldeos

Hace más de dos mil años, en un lugar besado por los ríos Tigris y Éufrates, yacía una tierra envuelta en el misterio: la antigua Caldea. Este pueblo, cuyos verdaderos orígenes son aún hoy poco conocidos, ocupaba la parte meridional de Babilonia, cuna de sabiduría y poder. Los caldeos ascendieron al trono de Babilonia y durante más de setenta y cinco años, bajo reyes como Nabucodonosor, forjaron el destino de una de las civilizaciones más fascinantes de la historia.

Pero no eran sólo conquistadores. Eran visionarios.

A un mundo ya rico en agricultura y manufactura, **los caldeos aportaron algo más**: un conocimiento profundo, una comprensión del universo que trascendía lo visible. Al introducir la astrología, las matemáticas sagradas y los rituales espirituales avanzados, sentaron las bases de una sociedad que adoraba las estrellas y los misterios ocultos en su brillo. El culto a la luna, la magia, la adivinación... eran herramientas que utilizaban para descifrar las energías sutiles que impregnaban la realidad.

No es casualidad que Babilonia se recuerde a menudo como la "cuna de la civilización". Sin embargo, lo que hace aún más intrigante a este pueblo es el hecho de que queden **pocos vestigios escritos** de él. La mayor parte de lo que sabemos sobre los caldeos no procede de ellos, sino de las civilizaciones que les sucedieron.

Y es precisamente este halo de misterio lo que hace que su legado espiritual sea aún más fascinante.

De todos sus conocimientos, uno ha sobrevivido intacto a través de los milenios: la **Numerología Caldea**.

Un sistema ancestral que mide las energías con tanta precisión que parece casi mágico. Este método no se limita a trazar líneas y números; es un código secreto que te invita a mirar más allá de lo visible, a descubrir las vibraciones que rigen tu vida. Cada número, cada letra encierra un significado profundo, una resonancia que te habla en el lenguaje silencioso del universo.

Intenta escucharlo.

Experimente usted mismo el poder de este sistema y deje que le sorprenda.

Sus raíces se remontan a la sabiduría más antigua, pero sus frutos pueden iluminar tu vida hoy, ofreciéndote orientación para comprender quién eres realmente, qué deseas y cómo puedes mejorar tu situación emocional y espiritual.

Historia de la numerología

Al acercarse a la numerología, es fácil perderse en detalles históricos, intentando comprender qué civilizaciones contribuyeron al desarrollo de este misterioso campo. Pero, si me lo permite, permítame guiarle hacia una visión más profunda que va más allá del tiempo y el espacio.

La numerología no es sólo un sistema artificial. No, es algo más. **Es un código universal**, una estructura invisible que rige todo lo que existe, desde el movimiento de los astros hasta las emociones más íntimas que sientes en tu corazón. Las matemáticas, en su forma más pura, no son un invento, sino un descubrimiento. Es como si los números hubieran existido siempre, ocultos en la sombra, dispuestos a revelar sus secretos a quien sepa escuchar.

Los antiguos lo entendían. No sólo los egipcios o los pueblos de Mesopotamia, de los que hoy tenemos huellas más o menos evidentes. Incluso civilizaciones más remotas, de las que apenas conocemos algunos fragmentos, intuyeron que los números eran una clave para comprender **las energías que rigen el mundo y el alma humana**.

¿Ha pensado alguna vez que hay conocimientos que se han perdido en el tiempo?

Tecnologías espirituales, avanzados sistemas de sabiduría que permitían a los antiguos comunicarse con las fuerzas cósmicas de formas que hoy sólo podemos imaginar. Quizá, en aquellas lejanas épocas, los números no eran meras herramientas para contar, sino verdaderos **canales de conexión con el universo**, capaces de revelar las verdades más ocultas.

La Numerología Caldea es uno de esos sistemas, uno de los pocos que ha logrado sobrevivir al paso de los milenios. Pero incluso este antiguo conocimiento no es sólo el legado de una sola cultura. **Es una ventana abierta a algo mucho más grande**. Un fragmento de una verdad universal que resuena a través de los tiempos, portadora de un mensaje de poder y transformación.

Cuando observes las cifras que te rodean, no pienses sólo en una civilización o cultura. **Piensa en el universo entero**. En las fuerzas invisibles que tejen tus deseos, tus emociones y tu destino. Cada número, cada vibración tiene un papel, un significado, y cada vez que sintonizas con ellos, descubres una nueva pieza del puzzle de tu vida.

Abre tu corazón y tu mente a esta posibilidad: deja que los números no sean meros símbolos, sino **llévalos hacia el conocimiento de ti mismo y de tu camino**.

No se limite a lo que está escrito en los textos antiguos. Imagina que hay mucho más por descubrir, un conocimiento olvidado que está esperando a que lo desentierres.

los antiguos y el descubrimiento de la numerología

Su viaje por la numerología comienza en un lugar profundo y antiguo, donde la propia naturaleza susurra secretos que esperan ser descubiertos. La historia de este conocimiento no es simplemente una colección de números, sino una **revelación de las fuerzas espirituales** que impregnan cada rincón del mundo. Los antiguos, con su íntima y respetuosa conexión con la tierra, fueron los primeros en darse cuenta de que lo visible contiene algo mucho más grande.

A través de la observación cotidiana del mundo natural, empezaron a darse cuenta de que algunos elementos -como los cristales, las hierbas e incluso las rocas- no eran meros objetos físicos, sino portadores de **energías sutiles y poderes espirituales**. Todo en la naturaleza poseía un significado oculto, un orden secreto que los antiguos reconocían y honraban. **Fue esta percepción la que les guió** hacia una comprensión más profunda de las leyes que rigen el universo, tanto visible como invisible.

Cada cristal que tocaban, cada hierba que recogían, no era sólo un recurso material, sino un **espejo de las fuerzas espirituales** que impregnan la realidad. Las vibraciones de estos elementos naturales estaban vinculadas a propiedades espirituales particulares, creando un mapa invisible de la energía que fluye por el mundo. Esta conciencia sutil pero poderosa fue el primer paso hacia la creación de un sistema de conocimiento que abarcaba tanto lo visible como lo invisible.

Pero el verdadero salto se produjo cuando los antiguos alzaron los ojos al cielo.

Las estrellas, la luna, el sol... no eran meros cuerpos celestes. **Eran manifestaciones de fuerzas divinas**, portadoras de mensajes e influencias que modelaban todos los aspectos de la vida en la Tierra. Los antiguos sabían que comprender los ciclos de los cielos significaba también comprender su propio destino. Cada movimiento de las estrellas reflejaba un orden cósmico, una danza sagrada que influía en las mareas, las cosechas e incluso en el latido del corazón humano.

De estas observaciones surgió la necesidad de crear un sistema que pudiera codificar esta conexión entre el cielo y la tierra. Así nacieron las leyes de la numerología. **Los números** no eran meros símbolos o instrumentos para contar, sino expresiones de principios divinos. A través de ellos era posible cartografiar e interpretar las fuerzas cósmicas y espirituales que rigen la realidad. **Cada número era un puente** entre lo terrenal y lo celestial, entre lo material y lo espiritual.

En este contexto, el mito griego de Urano adquiere un nuevo significado. Urano, el dios del cielo, no sólo era el señor de los fenómenos celestes, sino también el padre de todas las ciencias ocultas, incluidas la astrología y la numerología. Su enfrentamiento con Cronos, el dios del tiempo, representa no sólo un conflicto, sino la **creación de nuevos conocimientos** y fuerzas cósmicas que influyen en el mundo humano. Urano, con su sabiduría celeste, simboliza el origen de la sabiduría astrológica y numerológica, por lo que su estudio resulta esencial para quienes, como usted, desean comprender las leyes ocultas que rigen su destino.

La numerología, por tanto, no es sólo un estudio de los números, sino un profundo viaje **a las fuerzas que mueven el mundo y el alma**. Un viaje que te llevará a descubrir tu papel en este vasto y misterioso universo, y a comprender cómo las energías invisibles influyen en tu vida, tus relaciones y tu camino.

La caída de la Atlántida y la dispersión de las ciencias antiguas

La leyenda de la Atlántida no trata sólo de una catástrofe física. Es el relato de una pérdida profunda, una herida abierta en el corazón del conocimiento humano. La Atlántida, según el mito, no sólo era una civilización extraordinaria por sus tecnologías, sino **un faro de sabiduría espiritual**, un lugar donde la comprensión de las leyes cósmicas y divinas superaba con creces la de otras civilizaciones. Su caída no sólo supuso la destrucción de una isla, sino la dispersión del conocimiento acumulado durante milenios, un conocimiento que tocaba las cuerdas más profundas de la realidad.

Cuando la Atlántida se hundió en el abismo, sus conocimientos no se perdieron del todo. Los antiguos atlantes, impulsados por la necesidad de sobrevivir, huyeron a tierras lejanas, llevándose consigo fragmentos de lo que habían descubierto. **Las prácticas**

avanzadas de numerología, astrología y conocimiento esotérico viajaron con ellos, atravesando continentes y culturas, dejando huellas sutiles pero significativas en el corazón de las civilizaciones supervivientes.

Pero el tiempo, como una marea lenta, erosiona todo lo que toca. Y así, esas ciencias sagradas, devotamente guardadas, comenzaron a fragmentarse.

Muchas de estas prácticas se redujeron a supersticiones, perdieron su significado original, mientras que los símbolos sagrados y los números se malinterpretaron o trivializaron. Lo que una vez fue una profunda conexión con el universo se convirtió en una serie de rituales vacíos, un recuerdo distorsionado de una antigua ciencia ahora olvidada.

A pesar de ello, los fragmentos de la Atlántida no desaparecieron por completo. Hoy en día se está produciendo un despertar. **Estudiosos, esoteristas y espiritualistas** intentan reconstruir lo que se perdió, ahondando en mitos, textos antiguos y símbolos que aún resuenan en nuestro subconsciente colectivo. Crece el deseo de volver a conectar con esa sabiduría ancestral, de sacar a la luz esas verdades olvidadas que, de algún modo, aún pueden iluminar el presente.

La Atlántida representa no sólo un pasado trágico, sino una **posibilidad captada**, una sociedad que vivía en armonía con las leyes cósmicas y espirituales, que comprendía la sutil imbricación del alma y el universo.

Redescubrir su ciencia perdida, integrar ese conocimiento en nuestro mundo, podría **reconectarnos con un equilibrio perdido**, una visión del mundo en la que lo material y lo espiritual caminan juntos, alineados con las fuerzas naturales que nos gobiernan.

Los números como claves del tiempo

Los antiguos no veían el tiempo como una simple sucesión de horas o días. Para ellos, el tiempo era algo más vasto, un tejido entretejido con el espacio, la energía y la espiritualidad. **A través de la numerología**, creían haber descubierto una clave para interactuar con estas dimensiones, utilizando los números no sólo para comprender la realidad, sino para darle forma. Con patrones complejos y cálculos precisos, trataban de influir en los acontecimientos, dirigir las energías cósmicas e incluso alterar la percepción del propio tiempo.

Este conocimiento, por misterioso y antiguo que sea, no se ha perdido por completo. Según muchas tradiciones esotéricas, los antiguos maestros de numerología, incluidos los de la legendaria Atlántida, siguen comunicándose a través de los siglos, enviando mensajes en forma de **secuencias numéricas recurrentes**. Son señales, indicios de un conocimiento que nunca se ha extinguido del todo. Muchos practicantes de la mística contemporánea afirman percibir estas secuencias como verdaderos códigos que guían su camino espiritual, sugiriendo direcciones, respuestas y soluciones.

El legado de los atlantes, así como el de otras civilizaciones desaparecidas, nunca se ha olvidado del todo. Al contrario, hoy redescubrimos e integramos conocimientos que antaño parecían inalcanzables. A medida que evoluciona nuestra comprensión de las ciencias esotéricas, nos acercamos a ese punto en el que la numerología era una ciencia sagrada, capaz de guiar nuestro desarrollo personal y espiritual.

Este **redescubrimiento no es sólo una búsqueda arqueológica de conocimientos perdidos**; es un salto evolutivo en nuestra conciencia. Utilizando claves numerológicas, estamos aprendiendo a reconectar con las fuerzas que nos rodean, a manipular esos sutiles vínculos entre el tiempo y el espacio, y a influir en las energías que impulsan nuestra existencia cotidiana. Los números se convierten no sólo en herramientas para comprender nuestra realidad, sino en **puertas de acceso a una nueva comprensión del universo**.

Lo que los antiguos nos han legado no son sólo símbolos enigmáticos o vestigios de un pasado glorioso. Nos han dado un sofisticado sistema de conocimiento numerológico, un lenguaje con el que podemos conversar con el universo. **Cada número que desciframos**, cada secuencia que comprendemos, nos acerca a ese conocimiento olvidado, abriendo caminos que nos llevan a explorar nuevos niveles de crecimiento personal y colectivo.

La numerología, tal y como la entendían los antiguos, no es sólo una práctica de cálculo. **Es una clave para comprender la dinámica universal**, un puente entre lo visible y lo invisible, entre lo terrenal y lo divino.

LOS ORÍGENES DE LOS NÚMEROS CALDEOS

En el capítulo anterior, echaste un primer vistazo a la historia de los caldeos y a las raíces de la numerología. Ahora, es el momento de profundizar en los orígenes de **la Numerología Caldea**, explorando aquellas asociaciones que le dan vida y significado. Es esencial comprender estas conexiones antes de empezar a hacer cálculos, ya que sin una comprensión clara de las energías subyacentes, la Numerología Caldea puede parecer compleja, y muchos acaban perdiéndose en sus intrincados secretos.

Los caldeos sabían que cada número y cada letra eran algo más que símbolos. Eran manifestaciones de energías sutiles, hilos invisibles que conectaban todos los aspectos de la existencia. Los números no eran meros instrumentos para contar, sino el lenguaje mismo del universo, cargado de vibraciones espirituales. Por eso, comprender el significado profundo de estas asociaciones es el primer paso para descifrar su poder.

La numerología **caldea** no sigue las reglas de la numerología más moderna, que se limita a relacionar un número con una letra según el alfabeto. Este antiguo sistema es diferente, más matizado y misterioso. Cada letra y cada número conllevan una resonancia, una vibración única que interactúa con las demás de formas complejas, a menudo invisibles para el ojo inexperto. **Comprender estas conexiones te permite alinearte con las**

fuerzas cósmicas, ver el patrón oculto que rige tus elecciones, tus encuentros y tus relaciones.

Pero sin esta comprensión, el sistema caldeo puede parecer impenetrable. **Muchas personas fracasan en la Numerología Caldea precisamente porque intentan utilizarla como si fuera un simple cálculo matemático**. Intentan reducirla a números sin captar las vibraciones profundas, las energías que estos números portan. Se enfrentan a un muro de símbolos que no pueden descifrar, perdiéndose en números y fórmulas sin captar la esencia espiritual que los anima.

La Numerología Caldea es un arte que requiere tiempo, paciencia y una escucha profunda. Cada número, cada letra lleva un fragmento de tu destino, pero para ver con claridad, primero debes prepararte para comprender estas conexiones ocultas. Sólo entonces los cálculos numerológicos empezarán a hablarte, revelándote las verdades que siempre han estado ahí, esperando a ser descubiertas.

Esta realización es el verdadero comienzo de tu viaje en la Numerología Caldea

El número de tablillas caldeas

Las tablillas caldeas, una increíble colección de antiguos objetos de arcilla, son una preciosa ventana a la vida y las creencias de una civilización que ha dejado una huella indeleble en el curso de la historia. Estos artefactos, más que meros objetos arqueológicos, nos hablan de un pueblo -los caldeos- que, en la fértil tierra de Mesopotamia, entrelazó su destino con el de las estrellas y las energías cósmicas.

Su descubrimiento se remonta al siglo XIX, cuando los arqueólogos empezaron a excavar las ruinas de ciudades antiguas como Babilonia y Ur. Estas tablillas, que permanecieron enterradas durante milenios, **llevan la huella de un** saber antiguo, un saber que los caldeos habían codificado cuidadosamente. Hechas de arcilla fresca y grabadas con escritura cuneiforme cuando el material aún estaba blando, se cocieron después al sol o en hornos para hacerlas inmortales en el tiempo.

Es como si esos símbolos quisieran hablar más allá de las fronteras de los siglos, conservando intactos los secretos de una civilización que se comunicaba no sólo con sus palabras, sino con todo el universo.

La escritura cuneiforme, trazada con un estilete en estas tablillas, era un complejo lenguaje de signos en forma de cuña que revelaba mucho más de lo que parece a primera vista. Los textos grabados abarcan una amplia gama de temas, desde decretos legales y registros comerciales hasta correspondencia personal, pero son los conocimientos matemáticos y astronómicos que se desprenden de estas tablillas los que revelan el aspecto más fascinante de la cultura caldea.

Los caldeos **eran maestros de la astronomía y las matemáticas**, y estas tablillas documentan sus observaciones del cielo y los cálculos que las guiaban. No se limitaban a observar las estrellas, sino que las veneraban como claves para descifrar las leyes cósmicas.

De estas observaciones nacieron las primeras formas de astrología y la comprensión de los ciclos lunares, fundamentales no sólo para su calendario, sino también para sus prácticas espirituales.

Detrás de cada signo grabado en la arcilla se esconde una profunda conexión entre lo terrenal y lo divino. **Estas tablillas** nos hablan de una civilización que sabía entrelazar el tiempo y el espacio, un pueblo que miraba a las estrellas no sólo para medir el paso de las estaciones, sino para comprender su lugar en el universo.

Números planetarios caldeos

Las tablillas caldeas consagran un antiguo y complejo sistema numerológico, íntimamente entrelazado con la astrología, que refleja la profunda conexión que los caldeos percibían entre los **cuerpos celestes y los valores numéricos**. No se trataba de un simple juego de números, sino de un sistema sagrado que revelaba los secretos del destino y de la naturaleza humana a través de los movimientos planetarios. Cada planeta, cada número, era un fragmento de un gran diseño cósmico, que influía no sólo en los acontecimientos cotidianos, sino en la esencia misma del alma.

Los caldeos observaban cuidadosamente el cielo, registrando con precisión las trayectorias de los planetas y las fases de la luna, y en sus tablillas de arcilla grabaron conocimientos que trascendían el tiempo. Cada planeta estaba asociado a un número, y esta conexión no era casual: era el resultado de siglos de observación espiritual y astronómica. **Los planetas se consideraban entidades divinas** que influían profundamente en el carácter humano y en el curso de los acontecimientos. Estas influencias se medían a través del lenguaje de los números, que los caldeos utilizaban para descifrar las energías cósmicas y sus interacciones con la vida en la Tierra.

En el sistema de la **Numerología Caldea**, cada número tiene una vibración única, y estas vibraciones están directamente vinculadas a planetas concretos. No se trataba de simples asociaciones numéricas, sino de una profunda armonización entre el universo y el individuo. Los números eran herramientas para comprender las fuerzas invisibles que regían el destino y el carácter de cada persona. **Cada número resonaba con una energía planetaria**, que influía en la personalidad, los talentos y los retos a los que se enfrentaría una persona a lo largo de su vida.

Estas asociaciones no eran meramente intelectuales, sino que estaban arraigadas en una percepción más sutil y profunda de las cualidades espirituales de los números y los planetas. **Los caldeos veían en los números la clave para sintonizar con el orden cósmico**, para comprender los ritmos del universo y el lugar que uno ocupa en él.

A través de este sistema numerológico-planetario, los caldeos creían que no sólo podían comprender su propio destino, sino también influir en él, alineándose con las fuerzas cósmicas que gobernaban el universo. **Los números se convirtieron en puentes entre el mundo físico y el espiritual**, revelando los misterios de la vida, la muerte y las relaciones humanas. Su capacidad para asociar los números a las energías planetarias, y hacerlo con una precisión que aún hoy asombra a los estudiosos, demuestra lo avanzado de sus conocimientos.

La numerología caldea no era sólo una herramienta para predecir el futuro, sino un medio para comprender el **flujo de energía a través del universo**. Estos conocimientos, conservados en tablillas de arcilla, siguen ofreciendo profundos conocimientos sobre la conexión entre los planetas y los números, revelando cómo las fuerzas celestes influyen en la vida humana de forma sutil pero poderosa.

Astrología caldea

La astrología caldea es uno de los pilares más antiguos e influyentes de la sabiduría astrológica, cuyas raíces se remontan a la mística tierra de Babilonia. Los caldeos, habitantes de Mesopotamia, observaban los cielos como si fueran un libro abierto, leyendo los movimientos de los planetas y las estrellas no sólo para descifrar los misterios del cosmos, sino para **comprender el plan divino** que regía todos los aspectos de la vida, desde la suerte de los imperios hasta el destino individual.

A diferencia de la astrología moderna, que se basa principalmente en las estaciones y utiliza el zodiaco tropical, la astrología caldea estaba **profundamente conectada con las estrellas**. Se asemejaba mucho a la astrología sideral, que aún hoy se utiliza para trazar las posiciones reales de las constelaciones. Los caldeos dividían el cielo en segmentos, cada uno vinculado a una deidad específica, y los planetas actuaban como intermediarios de su voluntad divina. Cada planeta tenía un nombre y una función sagrada, e influía en la vida terrenal con una precisión asombrosa.

Cada planeta representaba a un dios y traía consigo influencias únicas. **Júpiter** estaba asociado a **Marduk**, dios de la justicia y la realeza, y simbolizaba la rectitud y la autoridad. **Venus**, vinculada **a Ishtar**, representaba no sólo el amor y la fertilidad, sino también la guerra y la pasión ardiente que podía convertirse en conflicto. **Saturno, vinculado a Ninurta**, era el planeta de la agricultura y la guerra, y determinaba las épocas de gran prosperidad o de extrema penuria. Los caldeos no sólo contemplaban el cielo, sino que anotaban minuciosamente acontecimientos celestes como **eclipses**, conjunciones planetarias y auroras heliacales (cuando un planeta o estrella aparece por primera vez al amanecer). Estos acontecimientos se consideraban **presagios divinos**, señales que podían anunciar cambios radicales, catástrofes naturales o trastornos políticos. Un simple eclipse lunar, por ejemplo, podía indicar la inestabilidad de un reino o la débil salud de un rey, y estas predicciones influían en decisiones políticas y sociales cruciales.

Los sacerdotes caldeos tenían un poder extraordinario, pues interpretaban los cielos como un lenguaje secreto de los dioses. No era raro que un rey recurriera a los astrólogos para tomar decisiones estratégicas, desde la planificación de una batalla hasta el momento ideal para empezar a sembrar. Este **sacerdocio astrológico** no era sólo simbólico: ejercía una influencia real sobre el destino de los imperios, guiando las decisiones de los gobernantes con sus lecturas de las estrellas. También hay pruebas de que los caldeos practicaban una forma primitiva de **astrología natal**, calculando las posiciones de los planetas en el momento del nacimiento de una persona para predecir su carácter y su destino. Esta práctica demuestra una comprensión avanzada de la relación entre el individuo y el cosmos, reconociendo que cada uno de nosotros forma parte de un **orden cósmico** mayor, influido por las mismas fuerzas que mueven las estrellas.

La astrología caldea no era sólo una ciencia sagrada, sino una guía práctica que regía la vida cotidiana y las estrategias políticas. Sus predicciones no sólo servían para escrutar el futuro, sino también para **armonizar las acciones humanas con**

el ritmo divino del universo. Los gobernantes consultaban los astros para planificar guerras, promulgar leyes e incluso decidir cuándo cultivar los campos, lo que demuestra lo arraigadas que estaban estas creencias.

Incluso después de la caída de Babilonia, el legado de la astrología caldea no se extinguió. Sus conocimientos fueron absorbidos y transformados por las tradiciones astrológicas griega e india, dejando una huella duradera que aún resuena en muchas prácticas esotéricas actuales. La influencia de este antiguo sistema sigue brillando, guiando a generaciones a lo largo de los siglos con su **sabiduría cósmica**.

Los planetas según los caldeos

Para los caldeos**, cada planeta era algo más que un simple cuerpo celeste**. Cada astro representaba una divinidad, una entidad sagrada cuyo poder e influencia se extendían sobre toda la vida humana, desde el destino personal hasta la suerte de imperios enteros. **Los movimientos de los planetas** no eran simples fenómenos astronómicos, sino verdaderas manifestaciones de la voluntad divina, signos que revelaban los mensajes de los dioses y la dirección de las energías cósmicas.

Marduk y Júpiter

Marduk, deidad suprema del panteón caldeo y patrón de Babilonia, estaba estrechamente relacionado con **Júpiter**, el mayor y más brillante de los planetas visibles a simple vista. Como **rey de los dioses**, Marduk representaba el orden cósmico, la justicia y la realeza. Su poder se consideraba crucial para mantener el equilibrio en el mundo, y su influencia se reflejaba en los majestuosos movimientos de Júpiter en el cielo nocturno.

Cuando **Júpiter** aparecía, los caldeos lo veían como un signo de estabilidad y protección. **La aparición de Júpiter** indicaba la intervención benévola de Marduk, que ponía orden en el caos cósmico y tranquilizaba a los reyes sobre su reinado. **Sus movimientos eran cuidadosamente observados**, pues representaban presagios para el bienestar del gobernante y del Estado, influyendo no sólo en la política sino también en la percepción del futuro de la nación.

Júpiter era así una manifestación tangible de la autoridad divina de Marduk, un símbolo de poder y protección que resonaba por los cielos, recordando a todos que el destino de reyes e imperios estaba escrito entre las estrellas.

Ishtar y Venus

Ishtar, la poderosa diosa del amor y la guerra, encontró su reflejo celeste en **Venus**, el planeta conocido por su extraordinaria luminosidad y belleza. Al igual que Ishtar, Venus encarnaba una naturaleza dual: por un lado, representaba el amor, la pasión y la fertilidad; por otro, la ferocidad y el poder destructivo de la guerra. Este contraste se reflejaba en el ciclo de **Venus** como **estrella de la mañana** y **estrella de la tarde**, una transición que simbolizaba transformaciones en la vida humana, así como en la naturaleza.

Se invocaba a **Ishtar** para influir tanto en los sentimientos más íntimos como en las batallas más violentas, y Venus, con sus ciclos celestes, marcaba los puntos de inflexión en estos ámbitos. **La transición** de Venus de estrella matutina a estrella vespertina era un acontecimiento de gran importancia astrológica para los caldeos. Cuando Venus se alzaba como **estrella matutina**, traía promesas de nuevos comienzos, pasiones florecientes y victorias inminentes. Como **estrella vespertina**, en cambio, simbolizaba la reflexión, el cierre de los ciclos y el poder de la transformación interior.

Este doble aspecto de Ishtar-Venus representaba **la complejidad de la vida humana**, donde el amor y la guerra se entrelazaban, y los cambios, marcados por los ciclos celestes, influían en la dinámica de las relaciones personales y en el destino de los conflictos.

Ninurta y Saturno

Ninurta, dios de la agricultura y la guerra, estaba asociado a **Saturno**, el planeta más oscuro y distante, cuya lenta trayectoria a través del cielo simbolizaba el poder inexorable del tiempo y el destino. Ninurta, conocido tanto por su papel de protector de las cosechas como por su fuerza destructiva en la batalla, encarnaba el equilibrio entre la creación y la destrucción, entre el crecimiento y el declive.

La lenta órbita **de Saturno** alrededor del Sol reflejaba perfectamente esta naturaleza. Al igual que Ninurta**, Saturno** llevaba consigo una energía ambivalente: podía ser el mensajero de la justicia, trayendo equilibrio y abundancia, pero también de la **destrucción deliberada**, cuando era necesario derribar lo que ya no era fértil o justo. La aparición de Saturno en el cielo era una señal que los caldeos observaban atentamente, ya que podía anunciar **tiempos de grandes dificultades o de abundancia**.

En su dimensión agrícola, Ninurta y Saturno influían en **la planificación de las cosechas**, indicando periodos de prosperidad o hambruna. En la guerra, la presencia de Saturno señalaba la necesidad de prepararse con paciencia y determinación, tanto para afrontar conflictos inminentes como para soportar dificultades naturales, como catástrofes o fenómenos meteorológicos adversos. **Saturno** era, por tanto, un símbolo de **fuerza y resistencia**, pero también de cambio inevitable, una guía silenciosa para quienes sabían escuchar sus movimientos lentos y poderosos.

Nabu y Mercurio

Nabu, el dios de la sabiduría, la escritura y la comunicación, encontró su reflejo celeste en **Mercurio**, el planeta conocido por sus rápidos movimientos a través del cielo. La velocidad con la que **Mercurio** aparecía y desaparecía del horizonte reflejaba a la perfección el papel de Nabu **como mensajero de los dioses**, capaz de transmitir la información divina con agilidad y precisión.

Nabu era **el guardián del conocimiento**, el que regía el arte de la escritura, los estudios y la comunicación, elementos fundamentales para el crecimiento y la evolución de la sociedad caldea. Su influencia se extendía no sólo al conocimiento sagrado, sino también a ámbitos prácticos como el **comercio** y la diplomacia, áreas en las que la rapidez de pensamiento y la claridad de expresión eran vitales para el progreso y el bienestar de la comunidad.

Mercurio era, pues, el símbolo celeste de esta energía viva y dinámica, capaz de **transmitir los decretos divinos** y favorecer la circulación del saber. Cada vez que aparecía o desaparecía del cielo era señal de cambio y movimiento: nuevas ideas, nuevas oportunidades de intercambio y aprendizaje, pero también advertencia de posibles giros bruscos o decisiones repentinas. La influencia de **Nabú** y Mercurio era crucial para la gestión de la información y de los recursos intelectuales, pues determinaba el destino no sólo de los individuos, sino de la sociedad en su conjunto.

Nergal y Marte

Nergal, dios de la guerra, la peste y el inframundo, estaba estrechamente vinculado a **Marte**, el planeta rojo que brillaba en el cielo con una luz ardiente y espeluznante. La coloración sanguínea de **Marte** lo convertía en el símbolo perfecto de la naturaleza destructiva y feroz de **Nergal**, el portador del caos y la muerte. Cuando Marte se hacía visible en el cielo nocturno, los caldeos lo veían como una señal de **guerra inminente**, peste o desastre que trastornaría el mundo de los hombres.

Nergal no era un dios que hiciera la guerra por la victoria, sino que encarnaba la destrucción necesaria, el fuego purificador que caía sobre aquellos que debían ser castigados o redimidos mediante el sufrimiento. **Marte,** con su luz ardiente, recordaba las batallas sangrientas y la furia divina que se derramaba en el campo de batalla y en las plagas que diezmaban a las poblaciones.

Cuando **Marte** dominaba el cielo, los sacerdotes caldeos realizaban **ritos propiciatorios**, oraciones y sacrificios en un intento de aplacar la ira de **Nergal**. Sus presagios no dejaban lugar a interpretaciones benévolas; representaba el conflicto, la destrucción y la necesidad de prepararse para tiempos oscuros. Marte se convirtió así en un símbolo celeste de advertencia, una manifestación de la implacable voluntad de Nergal, el señor de la muerte y del inframundo, cuya ira sólo podía atemperarse con respeto y devoción.

El pecado y la luna

Sin, el dios de la luna, era una figura central en el panteón caldeo y en la vida cotidiana del pueblo mesopotámico. Su reinado se extendía por el cielo nocturno, y su luminoso rostro lunar marcaba el ritmo de la vida y del tiempo. **Las fases de la luna**, reguladas por Sin, controlaban el **calendario mensual**, determinando los momentos propicios para la siembra, la cosecha y las actividades relacionadas con el mar. Cada fase lunar tenía un significado particular, y su visibilidad en el cielo influía en decisiones cruciales.

Para los caldeos**, Sin** no sólo era el señor de la noche, sino también **el medidor del tiempo**, el que llevaba la cuenta del paso de los días y los meses. Sus fases guiaban la planificación de **las fiestas religiosas**, los ritos agrícolas y las ceremonias sagradas, vinculando el mundo terrenal con las energías celestiales. **La luna creciente** se consideraba un signo de nuevos comienzos, crecimiento y prosperidad, mientras que la **luna menguante** sugería tiempos de reflexión y cierre.

La visibilidad del **Sin** y sus fases también influían en momentos importantes de la vida personal, como los **matrimonios** y las empresas. Consultar la luna antes de tomar decisiones era una práctica habitual, pues se creía que el Pecado podía iluminar el camino correcto y proteger a quienes actuaban en sintonía con su ritmo. **El Pecado** representaba la estabilidad y la guía en la oscuridad, una fuerza constante que acompañaba a los caldeos en la navegación por los retos de la vida.

Como **iluminador de la noche**, Sin era venerado no sólo como guardián del cielo, sino también como símbolo de sabiduría y visión interior, capaz de revelar secretos ocultos en las horas más oscuras.

Shamash y el sol

Shamash, el dios del sol, era venerado **como juez divino** y garante de la justicia entre los hombres. Su **viaje diario por el cielo** representaba la vigilancia constante y la iluminación, aportando no sólo luz física sino también claridad moral. Cada amanecer marcaba **el renacimiento de Shamash**, símbolo de esperanza y renovación, mientras que cada ocaso era su muerte temporal, un momento de reflexión que anunciaba su inevitable renacimiento. Este ciclo eterno de muerte y renacimiento representaba la verdad inmutable de que, a pesar de la oscuridad de la noche, el **sol volvería a salir**, trayendo consigo calor, vida y justicia.

La influencia de Shamash iba mucho más allá del mundo natural. **Se le invocaba** en asuntos legales, juicios y juramentos, para que prevaleciera la verdad y se hiciera justicia. Como **supervisor de la justicia**, Shamash encarnaba la rectitud y la equidad, su luz reveladora desenmascaraba el engaño y la injusticia, iluminando el camino de la verdad. Cada juramento realizado bajo el sol de Shamash era un pacto sagrado, una promesa que el propio dios supervisaría.

Así pues, **Shamash** era mucho más que una deidad solar: representaba la fuerza divina que garantizaba el equilibrio y la justicia en el mundo humano, cuyo curso estaba constantemente iluminado y supervisado por su vigilante ojo celeste.

LA NUMEROLOGÍA ES MENTALIDAD

En los capítulos anteriores, recorrimos el camino de los antiguos caldeos, explorando la historia de la numerología como puente para comprender **la Numerología Caldea**. Este viaje no fue sólo un ejercicio de aprendizaje histórico. **Fue el comienzo de una profunda transformación**. Empezaste a romper el primer velo que cubre tu conciencia, a hacer añicos las barreras que limitan tu mente. Es como romper un sello invisible, un **rito de paso** que revela nuevos horizontes.Los planetas y deidades de los que hablamos no son meros símbolos. **Son poderosos arquetipos mentales**.

Cada uno encarna energías primordiales, fuerzas que están profundamente arraigadas en tu conciencia. Antes de que puedas comprender realmente los números, debes permitir que estas imágenes penetren en tu mente, que resuenen en tu interior. **Los arquetipos no sólo viven en el cielo**. Viven dentro de ti, en tu inconsciente, en tu ADN, en los recuerdos ancestrales que llevas contigo.

Cada arquetipo, ya **sea Marduk, Ishtar o Nergal**, no es sólo una figura mitológica. Es **una llave**, una puerta que te abre a una comprensión más profunda de las energías cósmicas. Estos arquetipos vibran en sintonía con los números, conectando el mundo espiritual con la materia. **Tu mente debe alinearse primero con estas fuerzas** para descifrar los secretos que encierran los números.

En este capítulo, nos adentraremos en la exploración de tu **mentalidad**.

Aquí abordamos esas creencias, esos bloqueos que te impiden comprender plenamente la numerología. **La mentalidad es clave**: lo que crees y en lo que piensas crea los límites de tu realidad. Si tu pensamiento permanece limitado o cerrado, la energía de los números no puede fluir libremente dentro de ti.

Rompe esos límites y prepara tu mente para recibir lo que los números, y los arquetipos, están dispuestos a mostrarte.

Cómo funciona tu mente

¿Te has preguntado alguna vez por qué algunas personas parecen desenvolverse sin esfuerzo entre números, mientras que otras se pierden en cifras y fórmulas?

La respuesta es sencilla: **depende del tipo de mente que utilicemos**.

La razón por la que muchos profesores fracasan en la enseñanza de las matemáticas es que intentan asociar conceptos abstractos con imágenes concretas. En sí misma, no es una mala idea, sobre todo cuando se trata de la **imaginación**. Cuando conversamos, cuando pensamos, nuestra mente utiliza imágenes. **Tanto la parte consciente como la subconsciente** utilizan imágenes para comunicarse, convirtiendo nuestros hábitos y paradigmas en anclajes emocionales que moldean nuestro comportamiento y nos guían hacia nuestros resultados.

Pero aunque la mente se divide en **dos dimensiones -una** racional y otra irracional-, hay dos modos principales de pensamiento: el **abstracto** y el **imaginativo**. Sólo una pequeña parte de la población utiliza realmente el pensamiento abstracto. Son las personas que suelen considerarse fuera de lo común, las que desafían la norma. **Disléxicos, intrigantes, marginados**. Estas personas, a menudo percibidas como diferentes, poseen una mayor capacidad para operar en el ámbito abstracto, el lugar donde nacen las ideas más revolucionarias. Es aquí donde florecen la comprensión esotérica y, si están bien alineadas, incluso las habilidades matemáticas. Pero aquí está el secreto: **esta mentalidad puede entrenarse**. No es un don reservado a unos pocos elegidos. A través del entrenamiento tanto de la mente racional como del subconsciente, se puede desarrollar la capacidad de pensar de forma abstracta. **El primer paso de**

cualquier camino esotérico debe ser el entrenamiento de esta mentalidad. Es como preparar la mente para ver más allá del velo de la realidad, para reconocer los hilos invisibles que lo conectan todo. Imagina ser capaz de comprender lo que otros no ven, de conectar los números con la energía que fluye a través de ti, de utilizar este conocimiento para **guiar tu camino sentimental y espiritual**.

Este es el poder que reside en el pensamiento abstracto: te permite ir más allá de lo visible, a un nivel más profundo de conciencia y comprensión.

La mente imaginativa

La imaginación es el corazón palpitante de tu mente. Es esa parte que todos, consciente o inconscientemente, utilizamos cada día. A través de las imágenes, pensamos, soñamos y comprendemos el mundo que nos rodea. Pero si nunca has entrenado realmente esta capacidad, si no la has utilizado conscientemente, te resulta imposible acceder a un nivel más profundo, al reino del pensamiento abstracto.

Imagínese esto: **sin imágenes claras en su mente, resulta imposible entender realmente lo que está hablando o pensando**. Si te digo una palabra, como perro, gato o niño, inmediatamente tu mente evoca una imagen. Es una imagen arquetípica, que resuena con tus experiencias, tus creencias, tus prejuicios. Sin esa claridad visual interior, el pensamiento se vuelve confuso, esquivo.

Por lo tanto, **el primer paso para entrenar tu mentalidad abstracta** es tomar conciencia de cómo funciona tu imaginación, de cómo funciona tu mente.

Ahora, **imagina tu mente como una persona**. Visualiza una figura estilizada, cuya cabeza está dividida en dos partes: la parte superior representa la mente racional, conectada a los sentidos. Esta parte actúa como un filtro para cualquier estímulo externo, separando lo que percibes en fragmentos que tu mente consciente puede entender. Por debajo, está el subconsciente, que actúa de forma diferente. Como por ósmosis**, absorbe la información de la mente racional** y la retiene, invisible pero poderosa.

La mente subconsciente está conectada al cuerpo de esta figura imaginaria. ¿Por qué? Porque es la información, los programas, los hábitos que residen en tu mente subconsciente los que mueven tu cuerpo, los que guían tus acciones diarias sin que seas plenamente consciente de ello. Tus hábitos y paradigmas son el piloto automático de tu vida. Determinan tus resultados: tu peso, tu forma física, cuánto ganas, las personas que atraes y con las que sales.

Ser consciente de cómo funciona tu mente te permite observar tu vida desde una nueva perspectiva. De repente, puedes **ver con claridad** lo que no funciona y entender cómo reprogramarte para mejorar. **Reprogramar tu subconsciente** es como reescribir tu historia, alinear tu mente y tu cuerpo con lo que realmente quieres.

Empieza por aquí: observa tus imágenes mentales, explóralas y descubre cómo influyen en tu comportamiento.

La mente abstracta

El pensamiento abstracto, a diferencia de la mente imaginativa, no se alimenta de imágenes visibles. Se mueve más bien a través de conexiones **conceptuales**, vinculadas a símbolos o, más exactamente, a **arquetipos**. Estos arquetipos son la esencia invisible de las imágenes que conocemos, su núcleo energético y simbólico, que resuena en las profundidades del alma.

Cuando empiezas a aventurarte en el estudio del esoterismo, estás explorando el **vínculo sutil y misterioso entre el macrocosmos y el microcosmos**, la conexión que existe entre el universo y el individuo, entre las estrellas del cielo y las profundidades de tu ser. **Para comprender esta conexión**, tu mente necesita un entrenamiento especial. Ya no basta con ver el mundo con ojos racionales o seguir pensamientos lógicos lineales. Debes sumergirte en el mundo de los **arquetipos**, porque **los arquetipos son las llaves que abren las puertas de lo abstracto**.

Por eso, en el esoterismo, **las letras, los números, los planetas y las deidades** están vinculados a arquetipos en forma de imágenes simbólicas. Estos símbolos no son meros adornos: son herramientas poderosas que hablan directamente a tu mente subconsciente y a tu espíritu. **A través del estudio de los arquetipos**, empiezas a ver las conexiones ocultas, los vínculos invisibles que existen entre tú y el universo. Esto te permite construir una comprensión más profunda del mundo que te rodea y de tu lugar en él. Sin este proceso de **estudio de los arquetipos**, sería imposible desarrollar una mentalidad matemática o abstracta. Sería como intentar leer un mapa sin conocer primero los símbolos que contiene. El pensamiento abstracto no puede existir sin esta base. Los arquetipos son la base sobre la que se construye tu comprensión del cosmos y de tu propia alma, **permitiéndote leer números, símbolos y fuerzas cósmicas con una claridad que va más allá del pensamiento lógico**.

Entrenar la mente de este modo significa **sintonizar con el orden oculto del universo**.

No se trata de un mero ejercicio intelectual, sino de una verdadera transformación interior que le permitirá navegar por las energías invisibles que rigen su vida.

Paradigmas negativos que afectan a su comprensión de los números.

Antes de seguir avanzando en nuestro viaje por la numerología, debemos dar un paso importante, que muchos pasan por alto. **Tu mente**, como la tierra que hay que preparar antes de sembrar, debe estar limpia de esos **prejuicios** negativos que podrían socavar tu comprensión de los números y sus vibraciones.

Piensa en este momento como una fase **iniciática de nigredo**, el primer paso de la alquimia espiritual. Aquí, tu **antigua identidad -la que** está ligada a viejos patrones de pensamiento, creencias limitantes y paradigmas negativos- será destruida para dar paso a una **nueva versión de ti mismo**, más abierta, consciente y preparada para recibir la sabiduría de los números.

Los paradigmas negativos son como cadenas invisibles. Bloquean tu capacidad de ver los números como lo que realmente son: poderosos símbolos que conectan el microcosmos y el macrocosmos. Quizá siempre hayas pensado que los números son fríos, lógicos, difíciles de entender, o que las matemáticas no son tu fuerte. Son sólo reflejos de creencias que en realidad no te pertenecen, pero que has ido absorbiendo a lo largo del tiempo.

Para liberarte de estas cadenas, debes sumergirte en un proceso de **reprogramación mental**. No basta con leer o entender conceptos; debes hacer tuya esta nueva mentalidad, interiorizarla hasta que forme parte de ti. Repite cada paradigma positivo al menos **cinco veces al día durante un mes**. La repetición y la inmersión son las claves. Es como reescribir el código de un programa, línea a línea, hasta que la versión antigua deje de existir.

En este proceso, no estás simplemente cambiando tu forma de pensar. **Está creando un nuevo yo**. Cada vez que repites estas nuevas creencias, estás cincelando los restos de tu antigua identidad, la que dudaba de su propio poder, la que pensaba que los números no eran más que cifras vacías.

Los números son mucho más que eso. Son **llaves energéticas** que pueden abrir puertas en tu vida emocional, espiritual y personal. Pero para poder utilizarlos, primero debes alinear tu mente con sus vibraciones. **Cada paradigma negativo que dejas atrás** te acerca a una comprensión más profunda y a una nueva versión de ti mismo, preparada para navegar por los símbolos ocultos del universo.

numerología para ganar la lotería es estúpido.

Muchas personas se acercan a la numerología con la idea de que les puede **tocar el billete de lotería**, buscando una forma rápida y mágica de cambiar sus finanzas. Pero si estas personas comprendieran realmente el poder y el significado de los números, sabrían que **la probabilidad matemática** de ganar la lotería es casi inexistente: **1 entre mil millones**. Seguir esperando este resultado es como perseguir un espejismo en el desierto.

Detrás de esta actitud se esconde un problema más profundo: **una relación tóxica con el dinero**. Las personas que se acercan a la numerología con estas expectativas suelen **vivir en la escasez**, convencidas de que el dinero es algo limitado que sólo pueden obtener quienes engañan o hacen trampas. Esta creencia les lleva a caer en un ciclo de autosabotaje. Incluso cuando consiguen algo de dinero, lo **despilfarran inmediatamente**, justificándose diciendo que lo están "reinvirtiendo", cuando en realidad sólo intentan volver a ganar.

Esta mentalidad no sólo arruina su vida económica, sino que **también socava su éxito personal y espiritual**. La relación tóxica con el dinero se refleja en todos los aspectos de su existencia, bloqueando la posibilidad de crecimiento y alejando la prosperidad. Si no puedes cambiar tu forma de pensar sobre el dinero, **nunca podrás atraerlo** de forma sana y coherente.

El dinero no es un objeto fijo y limitado, reservado a unos pocos. Es una energía, un instrumento de intercambio. Al igual que las moléculas de azúcar intercambian energía dentro del cuerpo, el dinero es un medio de intercambio de valor. ¿Y sabes cuál es el secreto? El dinero es **infinito y fácil de obtener**. Cada día se imprime más, cada día surgen nuevas oportunidades de hacer dinero. No necesitas un título o un golpe de suerte para conseguir dinero. **Sólo necesitas producir valor.**

Y producir valor significa **ayudar a la gente a mejorar sus vidas**, exactamente como estoy haciendo contigo al explicarte estos conceptos. Cuando te centras en cómo puedes ofrecer valor a los demás, el dinero fluye de forma natural. Escribe en un papel todos los días: **"El dinero es infinito y fácil de obtener"**. Deja que esta afirmación penetre en tu mente, transformando tu relación con la energía del dinero.

Cambia tu mentalidad y verás cómo los números te guían hacia una nueva comprensión, en la que **el éxito personal y financiero** no es cuestión de suerte, sino de alineación con las energías cósmicas.

Se le dan bien las matemáticas

Si sigues diciéndote lo contrario, que no eres bueno en algo, que no mereces el éxito, no haces más que **reforzar un muro invisible** entre tú y lo que deseas. Cada vez que formula un pensamiento negativo, está creando sin saberlo una barrera que le aleja de su potencial. Pero puedes elegir cambiar esta dinámica.

En lugar de decir: "Esto no se me da bien", pregúntate: **"¿Cómo puedo mejorar en esto?".** Este pequeño cambio en tu perspectiva puede abrir una puerta a la mejora. **No detiene tu crecimiento**, sino que te empuja hacia la superación personal. Cada vez que te haces esta pregunta, tu mente empieza a buscar soluciones, en lugar de encerrarse en una espiral negativa.

Las repeticiones negativas son insidiosas. Piense en esto por un momento: la persona media es bombardeada constantemente con mensajes negativos. Un estudio realizado por el Dr. Vitale en Estados Unidos reveló que estamos expuestos a unas **700 frases negativas al día**.

Las oímos en la familia, en el trabajo, en la televisión, en las redes sociales. Y si a este bombardeo diario añadimos las voces negativas de nuestro pasado, como las del colegio, el panorama se vuelve aún más pesado.

Pero aquí viene el punto crucial: **tú no tienes la culpa**. Probablemente tuviste profesores que no fueron capaces de enseñarte matemáticas. **No fueron capaces de mostrarte cómo funciona realmente tu mente**, y transfirieron la carga de su fracaso a ti. Si en una clase de 30 niños sólo 2 entienden matemáticas, el problema no eres tú. Es el profesor el que no ha sabido adaptarse, y las propias matemáticas lo confirman. **No eres tú el incapaz**; te han condicionado para que aceptes una realidad falsa.

Cuando un profesor te dice que no eres bueno, esta afirmación arraiga en tu subconsciente, creando un **paradigma limitador**.

Pero ahora que entiendes cómo funciona tu mente, ahora que conoces el poder del pensamiento abstracto, **tienes todas las herramientas para ser bueno también**. No sólo bueno, sino **mejor** que aquellos que nunca tuvieron acceso a este conocimiento.

Empieza a decirte a ti mismo todos los días: "**Se me dan bien las matemáticas**". Cambia la narrativa que te han impuesto. Tu mente es una herramienta poderosa, capaz de adaptarse y aprender, de crecer y mejorar. Y ahora, con los conocimientos que has adquirido, estás listo para reescribir tu destino, paso a paso.

NÚMEROS CALDEOS

En el capítulo anterior, recorrimos juntos un camino intenso y necesario: **la destrucción de viejos paradigmas**. Este trabajo, por exigente que sea, es esencial para liberar tu mente de los prejuicios que bloquean tu comprensión profunda de los números. Sin esta purificación inicial, te sería imposible acceder a los niveles más avanzados de la numerología, como la interpretación simbólica y, posteriormente, los complejos cálculos que dan vida a este antiguo conocimiento.

Para algunos de mis alumnos, a pesar de las simplificaciones que he introducido en textos anteriores, el acercamiento a la numerología caldea resultó difícil. **Viejos esquemas mentales** les mantenían anclados a una visión limitada, incapaces de captar el poder de los números y aplicarlo a sus propias vidas. Pero ustedes afrontaron con valentía este proceso de destrucción y renacimiento. **Limpiamos juntos su mente**, eliminando la suciedad que años de enseñanzas erróneas y condicionamientos externos habían depositado en sus profundidades.

Ahora, gracias a este trabajo, estás preparado para construir tus conocimientos sobre una **base sólida**, tan robusta como un templo construido para durar. Con las herramientas que has adquirido, no sólo comprendes el significado de los números, sino que los percibes a un nivel simbólico y arquetípico.

Su subconsciente ha sido reprogramado para acoger este nuevo conocimiento y dejarse guiar por la sabiduría numerológica, abandonando las limitaciones del pasado.

Este trabajo esotérico, una verdadera **manipulación del subconsciente**, le ha permitido acceder al lenguaje simbólico de los números.

Ahora, a través de imágenes y repeticiones mentales, los números ya no son cifras vacías, sino **llaves** que abren puertas invisibles, que te conectan con energías sutiles, con conexiones profundas entre tu ser y el mundo que te rodea.

Estás listo para sumergirte en este universo. A partir de aquí, los números caldeos no serán sólo conceptos; se convertirán en **instrumentos de transformación**, espejos que reflejarán tu camino y la energía que te rodea.

Número caldeo 1: La influencia del Sol y la bendición de Shamash

Imagínate caminando bajo el sol de mediodía, sintiendo su energía pura e imparable sobre tu piel. Este es el poder del **número 1** según la tradición caldea, un número que lleva consigo la esencia del Sol y la influencia divina de **Shamash**, el dios de la justicia y la verdad. En esta antigua tradición, el Sol no era sólo una estrella en el cielo, sino una fuente de iluminación espiritual y orden universal. El número 1, como manifestación de esta luz primordial, es símbolo de **liderazgo, independencia y ardiente deseo de libertad**.

Cuando el número 1 te acompaña, estás llamado a encarnar una fuerza que no conoce la incertidumbre. Es una llama que no puede apagarse, una luz que no admite rival. Tu alma se reconoce como única, como el punto de partida. No hay nada casual en tu presencia, y cada uno de tus pasos parece guiado por un instinto que siempre te lleva hacia delante, nunca hacia atrás. Eres como un rayo de luz, capaz de iluminar donde otros sólo ven oscuridad. **Tu camino nunca es ordinario, sino el de un pionero, el de un guía**. Y este papel no está exento de desafíos: ser el primero también significa enfrentarse en solitario a las sombras más profundas.

El número 1 es sinónimo de creación y comienzo. Igual que el Sol sale al amanecer, trayendo el día, tú también sientes la llamada a abrir el camino. Este poder de comenzar, de iniciar, es una cualidad rara que no pertenece a todo el mundo. Es el poder de un alma que sabe que puede cambiar el curso de su vida. Estás destinado a crear, a abrir nuevos caminos, a romper las cadenas del pasado. Este número te da una **voluntad firme, casi inquebrantable**: cuando te decides por algo, tu determinación se convierte en una armadura que te protege de las dudas y las inseguridades.

El número 1 es también el símbolo de la independencia absoluta. Al igual que el Sol no necesita nada para brillar, tú tampoco sientes la necesidad de depender de los demás. Tu autonomía es tu fuerza, una cualidad que pocos pueden comprender plenamente. Es una especie de llamada ancestral, una vibración profunda que te impulsa a caminar por tu cuenta, a descubrir el mundo según tu propia visión, no la de los demás. **Esto no significa estar solo, sino elegir ser el autor de tu propio destino**.

Shamash, el dios que representa este número, es también el señor de la justicia. En ti, esta energía se traduce en un fuerte sentido de la equidad, de lo que está bien y lo que está mal. No toleras la injusticia ni las imposiciones. Estar bajo la influencia del Sol y de Shamash te hace naturalmente refractario a cualquier forma de sumisión: no soportas que otros decidan por ti, y no tienes miedo de defender tus creencias, aunque eso signifique ser una voz fuera del coro. **Tu alma, imbuida de la luz de Shamash, está llamada a brillar con una luz que no es sólo personal, sino universal**. Tu presencia es, a menudo, un desafío para quienes pretenden dominarte o limitar tu libertad.

Pero esta independencia tiene un precio. Tu aversión a la autoridad, ese deseo de ser tú mismo la autoridad, puede llevarte a encontrarte con obstáculos que requieren paciencia, diplomacia y, a veces, incluso compromiso. Aunque su naturaleza le impulsa a ser libre e indómito, también hay situaciones en las que el mundo exige su capacidad de adaptación. Es en estos momentos cuando el número 1 se convierte en maestro de sabiduría, enseñándote la virtud de la calma. Este es el mayor desafío: **encontrar el equilibrio adecuado entre tu libertad y los límites impuestos por la**

realidad. No te resultará fácil, pero es el precio de un alma que nació para ser autónoma.

En el amor, el número 1 trae consigo un aura de magnetismo y fuerza. Te atraen los que comparten tu deseo de libertad, los que respetan tu individualidad sin intentar cambiarla. **Para ti, el amor nunca es una jaula, sino un baile de almas libres**. Sin embargo, esta necesidad de independencia también puede convertirse en un obstáculo, sobre todo si el otro no puede comprender tu necesidad de espacio y autonomía. Para ti, el amor es como un reflejo del Sol: hermoso, deslumbrante, pero nunca estático. Te atraen las almas que, como tú, no temen brillar solas, que no se sienten intimidadas por tu intensidad, sino que encuentran en ella inspiración y fuerza.

Estar bajo la influencia del Sol significa también estar constantemente expuesto a su sombra. Shamash, con su justicia inflexible, no deja lugar a compromisos. Y así, mientras brillas con luz propia, también se te invita a enfrentarte a los lados más ocultos de tu personalidad. El deseo de independencia puede convertirse en soledad; la fuerza interior, en rigidez. **Aquí es donde tu alma debe enfrentarse a su lado oscuro**, descubrir qué se esconde tras la necesidad de ser siempre el primero, siempre el más fuerte. Este número te pide que seas sincero contigo mismo, que aceptes tus fragilidades sin miedo, que permitas que tu luz toque incluso tus inseguridades. El número 1 también te invita a llevar tu poder de iniciativa al mundo. No basta con brillar solo: también tienes la tarea de iluminar a los demás, de guiarlos hacia un camino de crecimiento. Shamash, el dios Sol, brilla no sólo para sí mismo, sino para todos los que buscan la verdad. Tú también, como él, estás llamado a ser un faro, a difundir tu conocimiento, tu energía. Tu liderazgo natural no es sólo un don para ti, sino también para los que te rodean. **Tienes la capacidad de inspirar, de despertar a los demás**; puedes llevarles a ver su propia luz, a reconocer su propio poder.

Estás destinado a convertirte en un ejemplo de fortaleza e integridad. Sin embargo, no siempre encontrarás compañeros a lo largo de tu camino. Muchos se sentirán intimidados por tu intensidad; otros intentarán frenarte, hundirte con ellos. Pero tú has nacido para elevarte, para superar todas las dificultades. El número 1 te pide que tengas el valor de ser diferente, que no cedas a la tentación de adaptarte. **Ser tú mismo será tu mayor victoria**. Y siempre que tengas dudas o temores, recuerda: el Sol siempre sale, incluso después de la noche más oscura.

En última instancia, el número 1 te lleva a la verdad de lo que eres. Es un número que no admite concesiones, un símbolo de **autenticidad absoluta**. Estar bajo esta influencia es vivir con un propósito, con una dirección clara. Cada uno de tus actos está guiado por la conciencia de quién eres y de lo que puedes llegar a ser. El Sol, con toda su luz, no conoce sombras. Tú también estás llamado a vivir sin esconderte, sin dejar nada sin decir. Tu alma, iluminada por Shamash, está destinada a brillar.

Número caldeo 2: La influencia de la Luna y la bendición del pecado

Imagina el resplandor de la Luna llena en una noche silenciosa, cuando el aire parece lleno de secretos y todo está impregnado de una atmósfera amortiguada, casi onírica. **Ésta es la esencia del número caldeo 2**. En este número está la delicadeza de la Luna, su flujo suave y envolvente que habla directamente al corazón. La Luna, de hecho, no emite luz propia, sino que refleja la del Sol: y así, quien está influenciado por el número 2 tiene un alma capaz de reflejar y amplificar las emociones de los demás, de sentir cada matiz con intensidad. Es una magia que no todo el mundo puede comprender, y que conlleva tanto una bendición como un desafío.

Bajo la influencia del dios lunar caldeo, **Sin**, el número 2 representa la fuerza silenciosa de la empatía y la conexión interior. Sin era el dios que observaba los ciclos de la Luna, el que guiaba las fases de crecimiento y declive que afectan no sólo al mundo exterior, sino también a las profundidades del alma. El número 2, como la Luna, crece y se retrae, fluye y refluye. Las personas portadoras de esta energía poseen una sensibilidad que las hace profundamente perceptivas. Captan lo que no se dice, comprenden las emociones ocultas. **Ésta es su fuerza, pero también su misterio**, porque quienes están tan conectados a la Luna pueden encontrarse viviendo entre el sueño y la realidad, entre la intuición y la realidad material.

Tu alma, cuando está influenciada por este número, es como una acuarela pintada sobre una masa de agua: hermosa en su transparencia, capaz de reflejar todos los matices que la rodean. Pero esta misma cualidad puede hacerte vulnerable, precisamente porque **tu capacidad de sentir es tan intensa que a menudo te pierdes en los detalles emocionales**. Puedes entender a los demás a un nivel que va más allá de las palabras, como si pudieras escuchar su corazón a través del tuyo. Sin embargo, esta capacidad empática puede hacer que te olvides de ti mismo, de lo que realmente quieres y de lo que te hace feliz. A veces, sientes la necesidad de esconderte, de refugiarte en el silencio, porque las emociones que percibes a tu alrededor se vuelven casi insoportables.

El portador del número 2 suele ser un guía espiritual silencioso, una presencia que inspira confianza y sabe escuchar sin juzgar. Pero aunque puede ser el refugio de los demás, dándoles consuelo y comprensión, puede que le resulte difícil recibir el mismo tipo de apoyo. **Tu gentileza puede ser percibida como debilidad**, y quienes no te conocen bien pueden no entender tu verdadera fuerza interior. Este es uno de los grandes dilemas del número 2: ser visto como frágil, cuando en realidad posees una resistencia de acero, forjada en el fuego del alma. El pecado, dios de la luna, te da una luz suave, pero esta luz corre a veces el peligro de ser oscurecida por aquellos que no son capaces de ver más allá de la superficie.

Tu creatividad, como la energía de la Luna, es profunda e introspectiva. Hay algo mágico y melancólico en lo que creas, como si tu arte fuera un canal para expresar esas emociones que no siempre puedes expresar con palabras. La Luna, con sus fases, te enseña que la belleza puede ser efímera y que hay fuerza incluso en la vulnerabilidad. **Tu arte, tu expresión creativa, tiene el poder de tocar el alma de los demás**, de evocar sentimientos ocultos y sacar a la luz lo que normalmente permanecería en la sombra. Este talento es valioso, pero no siempre reconocido; requiere el valor de exponerse y la paciencia de quien sabe que su valía no depende del reconocimiento externo.

Sin embargo, la sensibilidad lunar que te acompaña también puede convertirse en una trampa. **Tu mente es como un lienzo en el que cada emoción queda fuertemente impresa**, dejando huellas que pueden convertirse en cicatrices. Es posible que se fije en pequeños detalles, en palabras dichas o no dichas, en miradas y matices que los demás ni siquiera perciben. Esta tendencia a fijarse en los detalles le convierte en una persona excepcional para captar lo que otros pasan por alto, pero también puede llevarle a perder la visión de conjunto, a sentirse perdido en un laberinto de sentimientos e impresiones.

En el amor, el número 2 te envuelve con un profundo deseo de conexión, de auténtica intimidad. No te atraen las relaciones superficiales; para ti, el amor es un arte sagrado, un encuentro de almas. **Buscas una pareja que pueda ser un espejo para tu alma**, alguien que pueda comprenderte sin necesidad de palabras, apreciar tu delicadeza y reflejar tu profundidad. Pero el riesgo es que tu tendencia a dar sin reservas te deje una sensación de vacío, sobre todo si el otro no es capaz de darte la misma intensidad. A veces, puedes sentirte como la Luna brillando en soledad, visible pero distante. Tu alma anhela la fusión, la conexión, pero al mismo tiempo teme la pérdida de sí misma.

La influencia del dios Pecado te enseña a mirar más allá de las apariencias, a buscar la verdad oculta en el corazón de los demás. Eres una persona capaz de comprender los matices de la vida, que ve las sombras y la luz como partes de una misma danza. **Sin embargo, es crucial que aprendas a proteger tu energía**, a no dejar que tu sensibilidad te consuma. Es un don precioso, pero que requiere discernimiento. La Luna puede ser seductora e hipnótica, pero también puede llevarte a perderte en las profundidades del inconsciente, a extraviarte en mundos de sueños e ilusiones.

El mayor reto para usted, bajo la influencia del número 2, es aprender a mantener un equilibrio entre su mundo interior y la realidad exterior. **Ser el número de la Luna significa ser capaz de navegar a través de las emociones sin dejarse abrumar por ellas.** Tu fuerza reside en tu capacidad para amar, comprender y sanar. Pero también debes encontrar tu centro, sin perder de vista quién eres realmente. Como la Luna que refleja la luz del Sol, tú también debes aprender a reflejar sin absorberlo todo. Ser empático no significa asumir el dolor ajeno, sino ser capaz de comprenderlo sin permitir que afecte a tu esencia.

Tu alma necesita espacios de silencio, momentos en los que puedas retirarte para recuperar tu energía. No debes tener miedo a decir no, a cerrar puertas cuando sientas la necesidad de protegerte. **Aprender a poner límites es un acto de amor hacia ti mismo**. Los que te quieren de verdad comprenderán y respetarán esta necesidad, y podrán acercarse a ti sin violar tu espacio sagrado. El número 2, con toda su delicadeza, es un número poderoso precisamente por su capacidad de percibir lo que otros pasan por alto. Sin, el dios lunar, te guía con una luz suave, una luz que es reflexión e intuición, una luz que no deslumbra pero que revela verdades ocultas. Tu alma es como un río que fluye plácidamente, pero que tiene una fuerza subterránea, una corriente invisible que nunca se detiene. No olvides nunca esta fuerza tuya, incluso cuando el mundo te parezca demasiado duro, incluso cuando sientas que no te comprenden.

Ser una persona con el número 2 significa bailar al ritmo de la Luna, seguir sus ciclos, aceptar sus variaciones. Tu alma está hecha de **luces y sombras, de empatía e introspección**, de amor y soledad. No intentes cambiar esta esencia tuya, no temas a tu sensibilidad. Estás destinado a iluminar el mundo con una luz que no pertenece a todos, una luz que pertenece a aquellos que saben ver con el corazón.

Número caldeo 3: La influencia de Júpiter y la bendición de Marduk

Imagina a Júpiter, el gigante de los cielos, con su inmensa aura irradiando fuerza y abundancia. En el corazón del número 3 se encuentra la propia energía de este poderoso planeta, un impulso de expansión y realización personal que puedes sentir en tu interior como un fuego que nunca se apaga. Bajo la guía de la deidad caldea **Marduk**, dios de la justicia y la prosperidad, el número 3 llama a un crecimiento que no se detiene en las meras ambiciones terrenales. **Marduk era el dios que, según las creencias antiguas, ponía orden en el caos**, y los influidos por el número 3 llevan consigo este deseo de aportar luz y claridad, de expandirse hacia nuevos horizontes.

Si su número es el 3, entonces vive en usted una fuerza que parece imposible de contener. Tienes una energía interior que late, siempre en busca de nuevas metas, nuevos retos, nuevas tierras que explorar. La expansión no es sólo algo que deseas; es una necesidad, es la llamada de Júpiter, ese planeta imponente que no acepta límites. **Sientes dentro de ti el impulso de crecer y explorar**, de conquistar espacios que otros temen cruzar. Es un impulso que puede hacerte sentir como un río caudaloso, imposible de detener. Tienes la ambición de dejar huella, de no pasar desapercibido.

Marduk te insta a convertirte en un símbolo de fuerza y prosperidad, pero también te pide que te enfrentes a tus sombras, que pongas orden donde hay caos, dentro y fuera de ti. Éste es el don y la carga del número 3: la expansión es un poder inmenso, pero debe guiarse con sabiduría. No es una simple sed de éxito o fama; es el deseo de expresar tu potencial, de alcanzar una grandeza interior que resuene en todos los aspectos de tu vida.

Tu mente, bajo la influencia de Júpiter, es como un mapa estelar que te guía para ver más allá de los límites del presente. Eres un hábil estratega, una persona que sabe organizar y planificar, pero todo esto tiene un motivo más profundo: **quieres dejar una huella**, algo que los demás puedan seguir. No es raro que las personas influidas por el número 3 sean líderes naturales, alguien que atrae a los demás con su carisma y confianza. Pero no se trata de un liderazgo impuesto. Es un poder que proviene de tu capacidad para ampliar tu visión, para ver posibilidades donde otros sólo ven muros.

En el amor, esta energía te lleva a desear una conexión que vaya más allá de lo mundano y superficial. Te atraen los que comparten tu sed de crecimiento, los que tienen la fuerza de acompañarte en tus viajes espirituales y materiales. **No te conformas con una relación estancada**; necesitas a alguien que esté dispuesto a evolucionar contigo, un compañero que pueda seguir el ritmo de tus ambiciosos sueños. Pero esto también puede llevarte a experimentar un dualismo interior: por un lado deseas estabilidad y por otro te impulsa una necesidad constante de libertad. Este es un reto que Júpiter y Marduk te plantean, pidiéndote que encuentres un equilibrio entre el deseo de enraizarte y el de explorar nuevos caminos.

La energía de Júpiter, sin embargo, también trae consigo una advertencia: la expansión, si no está guiada, puede llegar a ser excesiva. **El riesgo es querer demasiado, intentar acapararlo todo sin apreciar lo que ya se tiene**. Este espíritu de conquista puede convertirse en un afán por llenar todos los espacios de tu vida sin darte ni un respiro para respirar y disfrutar del presente. Marduk, el dios del orden, te recuerda que la expansión también debe tener sus límites, que un crecimiento armonioso exige respetar los propios límites. En otras palabras, te invita a encontrar una disciplina interior que te permita alcanzar el equilibrio.

El número 3 también conlleva una fuerte carga espiritual, una conexión con la dimensión divina del poder y la justicia. Quienes están influidos por este número poseen **una gran confianza en sí mismos y en su capacidad para manifestar lo que desean**. Pero para mantener puro este poder, es necesario que el deseo de realización no se vuelva egoísta. Debes estar preparado para expandirte no sólo para ti mismo, sino también para inspirar y enriquecer a quienes encuentres en el camino. Este es el mensaje de Marduk: una verdadera líder no sólo busca su propio éxito, sino que trabaja para llevar la luz a quienes la rodean, para asegurarse de que su propia grandeza también pueda iluminar a los demás.

En el ámbito profesional, el número 3 le empuja hacia posiciones de autoridad o funciones en las que puede expresar su capacidad de organización y su carisma natural. **Eres capaz de tomar las riendas**, dirigir proyectos o equipos con una seguridad que inspira confianza en los demás. Sin embargo, debido a esta actitud de liderazgo, puede resultarle difícil aceptar la autoridad de los demás. A menudo se siente inclinado a seguir su propio camino en lugar de obedecer las normas de otros. Es el signo de una mente independiente, de un alma que desea ser su propio gobernante, como Marduk es el gobernante de su reino. Pero, a veces, esta inclinación puede llevarte a chocar con quienes no comprenden tu necesidad de libertad y control.

Con su naturaleza expansiva, también puede encontrarse deseando abarcar demasiados proyectos a la vez, arriesgándose a disipar su energía. **La ambición es un arma poderosa, pero debe utilizarse con prudencia**. Júpiter te da la capacidad de pensar a lo grande, de ver el panorama completo, pero para desarrollar tu potencial es esencial que aprendas a centrarte en lo que realmente importa, en lo que aporta valor a tu vida y a la de los demás. La expansión no tiene por qué convertirse en una carrera sin fin; a veces, el mayor poder reside en la capacidad de elegir y dejar ir.

Por último, el número 3, como símbolo de crecimiento y abundancia, le conecta profundamente con el principio de manifestación. Con tu mente estratégica y tu espíritu emprendedor, eres capaz de **atraer** a tu vida **lo que deseas**, de materializar tus visiones a través de la determinación y la fe en tu camino. Pero es crucial que esta capacidad de atracción se utilice conscientemente. Expandirse sin sabiduría puede llevar a la disipación, mientras que cultivar tus sueños con discernimiento conduce a la auténtica realización.

El mensaje de Júpiter y Marduk es claro: **crece, pero recuerda quién eres**. Expándete, pero nunca pierdas tu centro. Conquista el mundo, pero hazlo con un corazón puro y unas intenciones sinceras. Júpiter te da la fuerza para llegar lejos, para explorar territorios desconocidos y dejar una huella tangible, pero Marduk te invita a no olvidar el valor del orden y la armonía.

El número 3 es, por tanto, un camino de poder y sabiduría, de expansión y responsabilidad. **Estás llamado a crecer, a conquistar, a iluminar**, pero también a encontrar la manera de permanecer fiel a lo que realmente importa. Éste es el reto y el don del número 3: una grandeza que no conoce límites, excepto los que usted decida respetar. Bajo la influencia de Júpiter y Marduk, posees la fuerza para crear tu propio destino, para dar forma al mundo con tu visión y dejar un legado que hable de ti incluso cuando ya no estés aquí.

Número caldeo 4: la influencia de Urano y la bendición de Anu

El número 4 de la numerología caldea está profundamente vinculado a la fuerza rebelde y visionaria de Urano, el planeta de lo inesperado y el progreso, que trae consigo el fuego disruptivo del cambio y la innovación. **Urano es el señor de los espíritus libres**, una energía que nunca se deja frenar por patrones fijos o reglas impuestas. Relacionado con él está la deidad caldea **Anu**, el dios del cielo, cuyo reino infinito encierra misterios y posibilidades inexploradas que ningún mortal se atreve a contemplar plenamente.

Las personas influidas por el número 4 encarnan la visión y el desafío de Anu. Tienes una naturaleza inherente que te impulsa a mirar más allá de lo obvio, a adentrarte en territorios que otros evitan o no ven. Eres una mente libre e innovadora, portadora de ideas que parecen surgir de la nada, casi como si recibieras mensajes de un reino invisible. En todos los ámbitos de su vida, Urano le guía como un viento impetuoso, alimentando en usted un profundo deseo de verdad y originalidad. Sin embargo, esta visión innovadora también puede separarle de los demás. Los individuos con el número 4 son a menudo **incomprendidos, percibidos como diferentes o incluso extraños** debido a su tendencia a desafiar las convenciones. Su singularidad no siempre encuentra aprecio, pero es lo que le hace esencial, un faro para quienes están dispuestos a abrazar nuevas perspectivas.

Tu conexión con Anu, el dios del cielo y de la expansión sin límites, te convierte en un alma que no teme traspasar los límites de lo conocido. **Tu espíritu rebelde te hace incómodo para quienes buscan seguridad y estabilidad**, pero también es lo que te confiere ese encanto misterioso e irresistible. En el amor y las relaciones, tiendes a atraer a quienes se sienten fascinados por tu profundidad y singularidad. **No estás hecho para el amor superficial o convencional**: buscas una conexión que desafíe, enriquezca y amplíe tu propia visión del mundo. Sin embargo, tu forma de amar puede asustar a quienes están acostumbrados a formas más comunes de afecto. El número 4 requiere un amor capaz de abrazar el caos y lo inesperado, una pareja que comprenda la belleza de lo diferente y que sepa caminar a tu lado, sin intentar cambiar tu esencia.

La energía de Urano, a la que estás tan profundamente unido, te impulsa a **buscar la verdad, siempre y en todas partes**. No te conformas con respuestas simples y banales; estás dispuesto a indagar, a cuestionar, a desmantelar viejas creencias para llegar a lo auténtico. Esta tendencia puede llevarte a entrar en conflicto con quienes te rodean, especialmente con los que tratan de imponer un orden rígido y limitador. Has nacido para sacudir los cimientos de lo estático, y esto te convierte en una fuerza transformadora. No es raro que te sientas solo en esta batalla, pero aquí es donde Anu te apoya: tu soledad es una llama sagrada, una llamada al cielo abierto, a lo que es más grande, más libre.

En el ámbito profesional, tu capacidad para pensar con originalidad es un don inestimable. **Tienes una visión que pocos pueden comprender plenamente** y tu mente es como un laboratorio alquímico donde nacen nuevas ideas, soluciones, inventos. Sin embargo, el camino de los regidos por Urano nunca es fácil: tus ideas suelen molestar a quienes están apegados a patrones rígidos o no están preparados para un cambio radical.

Eres el tipo de persona a la que le encanta desmantelar los sistemas tradicionales para construir otros nuevos, más justos y auténticos, pero esto puede llevarte a chocar con quienes detentan el poder y prefieren la estabilidad al cambio. Este camino, que a veces puede parecer solitario y hostil, es en realidad tu vocación, tu destino.

La influencia de Urano te convierte en una figura rompedora, en un pionero. Sin embargo, hay una fragilidad en su lucha por la autenticidad: el mundo no siempre está dispuesto a aceptar lo que no comprende. El número 4 lleva el peso de quien puede ver más allá, de quien vislumbra posibilidades donde otros sólo ven límites.

Esto te confiere un aura de misterio y puede llevarte a sentirte incomprendido, incluso rechazado por quienes no aceptan tu forma de pensar y de ser. Sin embargo, a pesar de todo, sientes en tu interior que tu tarea es precisamente ser diferente, ser la chispa que enciende nuevas visiones.

En el campo del crecimiento espiritual, el número 4 le ofrece **la capacidad de percibir lo oculto, de explorar dimensiones que otros evitan**. Urano es el planeta de las verdades ocultas, de las revelaciones súbitas, y esto te hace especialmente sensible a los mensajes procedentes de las profundidades de tu alma y del propio universo. Bajo la guía de Anu, el dios del cielo, te sientes llamado a explorar mundos desconocidos, a buscar respuestas donde pocos tienen el valor de llegar. Tu espiritualidad es poco convencional, no sigue caminos establecidos; es un viaje personal y solitario que te conduce hacia el despertar de tu alma.

En el amor, como en la vida, tiendes a desear un vínculo que te comprenda sin forzarte, que te deje libre para explorar y crecer. El número 4 se siente atraído por personas que tienen una profundidad similar, por aquellas que son capaces de aceptar tu independencia sin asfixiarte. Sin embargo, tu camino en el amor no es fácil: te atraen las personas que respetan tu singularidad, pero encontrar el equilibrio entre la necesidad de libertad y el deseo de compartir puede ser todo un reto. Puede que a menudo te preguntes si realmente hay alguien que pueda amarte sin querer cambiar lo que eres.

El potencial del número 4 se manifiesta cuando aceptas plenamente tu singularidad y haces las paces con tu naturaleza inconformista. **No has nacido para seguir a la multitud, y ahí reside tu verdadero poder**.

Anu te guía hacia una realización que va más allá de los límites de la sociedad, una comprensión de ti mismo que te permite actuar con valentía y determinación, aunque eso signifique ser incomprendido. Eres un rebelde del alma, y tu fuerza reside precisamente en la capacidad de seguir a tu corazón, incluso cuando te aleja del camino común.

Por último, el mensaje de Urano y Anu para ti es el siguiente: **abraza tu destino de innovador, de espíritu libre, de portador de nuevas verdades**. El número 4 te da la capacidad de cambiar el mundo, pero para ello tendrás que aceptar tu naturaleza solitaria, la llamada incesante a lo desconocido.

Tu camino no es fácil, pero está lleno de descubrimientos, visiones y conexiones profundas con el todo. Urano te enseña a no tener miedo a romper con el pasado, a mirar más allá de las apariencias, a encontrar la verdad oculta en cada situación.

Anu, el dios del cielo infinito, te acompaña en este viaje, inspirándote **a convertirte en un faro para aquellos que están preparados para ver la luz**. Estás destinado a dejar huella, a traer el cambio, a elevar tu alma a las estrellas. El número 4 es tu sello y tu guía, una invitación a descubrir que los caminos menos transitados son los que conducen a los descubrimientos más increíbles.

Número caldeo 5: La influencia de Mercurio y la bendición de Nabu

El número 5, según la numerología caldea, está bajo la guía fluida e iridiscente de Mercurio, el planeta de la adaptabilidad, el movimiento y la comunicación. Pero no sólo eso. Mercurio es el conducto entre el mundo de los hombres y el de los dioses, y porta la vibrante energía de la deidad caldea **Nabu**, el dios de la sabiduría y el intercambio de ideas. Nabu es el que sabe bailar entre los reinos de lo visible y lo invisible, y **tú, ligado al número 5, eres su reflejo** en esta tierra. Como él, eres un mensajero, un tejedor de conexiones que fluye entre las personas y las situaciones con agilidad.

Tu esencia es dinámica, escurridiza, como el viento que cambia de dirección sin previo aviso. Eres una criatura en constante movimiento, una mariposa social que baila de flor en flor, acumulando experiencias, sensaciones, historias. No hay lugar en el que no puedas sentirte a gusto: tienes el don de adaptarte y transformarte según tu entorno. Y si alguien intenta retenerte o aprisionar tu espíritu libre, pronto se da cuenta de que es imposible. **El número 5 es la libertad absoluta** y ninguna cadena puede detener tu deseo de explorar.

Nabu, dios de la sabiduría y la escritura, te inspira para que utilices la palabra como herramienta de conexión y descubrimiento. **Eres un comunicador nato**. Tus palabras saben llegar al corazón de las personas, creando puentes entre mundos y visiones diferentes. En el amor, como en la vida, esta habilidad tuya te hace irresistible a los ojos de los que te rodean. Eres esa persona que sabe qué decir y cómo decirlo, capaz de adaptar el tono, el ritmo e incluso la esencia de la conversación para sintonizar con quienes tienes delante. **Con el número 5 a tu lado,**

posees el don de la empatía comunicativa, un raro talento que te permite sintonizar con el mundo emocional de los demás.

Sin embargo, hay un lado más profundo en ti, un lado que quizá sólo tú conozcas. Detrás de tu apariencia desenfadada y tu incesante deseo de movimiento, **se esconde una necesidad de estabilidad y seguridad** que a veces te sorprende. Mercurio, como planeta, no puede permanecer quieto mucho tiempo; necesita correr, explorar, lanzarse a nuevas aventuras. Pero esta búsqueda constante de novedades puede hacerte sentir inquieto, y puede que te encuentres anhelando un refugio, un lugar donde descansar y encontrar la paz. Tal vez por eso, a la vez que anhela la independencia, también siente la necesidad de un amor que sepa acogerle y darle estabilidad sin aprisionarle.

En el amor, te atraen aquellos que pueden aceptar tu lado libre e independiente. Los que aman al número 5 saben que deben estar dispuestos a correr a tu lado, a no retenerte, a dejarte espacio para que seas quien eres. Para ti, las relaciones deben ser una danza ligera, un intercambio continuo, sin rigidez ni límites. Necesitas a alguien que comprenda que tu corazón es como un cielo que cambia de color cada hora del día. Para ti, la estabilidad no es una jaula, sino un espacio seguro al que puedes volver cuando estés preparado para parar.

El número 5 lleva consigo la energía del cambio y la transformación. Como Nabu, te mueves entre distintas realidades, pasando de una experiencia a otra sin miedo. Esto le convierte en una persona extremadamente versátil: es capaz de sacar lo mejor de cada situación, de ver posibilidades donde otros ven límites. **Eres un visionario en constante cambio**, siempre dispuesto a abrazar lo nuevo, a aprender algo diferente, a experimentar. Nada te detiene, porque sabes que cada experiencia, positiva o negativa, te enriquece y te acerca a una verdad mayor.

En el ámbito profesional, esta capacidad tuya de adaptación es un don precioso. **Nunca te limitas a una única perspectiva**. Mientras otros siguen un camino ya marcado, tú creas tu propia senda, explorando rutas en las que nadie había reparado. Tu mente es un universo en expansión, siempre en busca de nuevos estímulos, nuevas ideas, nuevos horizontes. Y esto te convierte en una persona especial, capaz de aportar innovación y frescura a cualquier campo. Tienes una aptitud natural para los trabajos que requieren creatividad y flexibilidad, como el arte, la comunicación, el marketing o cualquier otra actividad en la que puedas expresar tu espíritu vivo y tu mente brillante.

Sin embargo, al igual que Mercurio, usted también debe tener cuidado de no malgastar su energía. **Tu sed de novedades, de descubrimientos, de libertad, puede llevarte a veces a perder la concentración**. Puede que te encuentres saltando de un proyecto a otro, de una idea a otra, sin ser capaz de completar lo que habías empezado. Éste es uno de los retos del número 5: aprender a encontrar un equilibrio entre el deseo de explorar y la necesidad de parar, de poner los pies en la tierra. Nabu te enseña que el verdadero poder no sólo reside en moverse sin descanso, sino también en saber escuchar el silencio, en saborear los momentos de pausa.

A nivel espiritual, el número 5 le invita a explorar dimensiones que van más allá de la superficie. **Tu alma es curiosa, siempre en busca de respuestas, de verdades ocultas**. Nunca te conformas con las explicaciones convencionales: sientes que siempre hay algo más, un misterio por desvelar, un mensaje que espera ser descifrado. Mercurio, como Nabu, es el dios de los mensajes, el conducto entre lo visible y lo invisible, y esta cualidad se refleja en tu naturaleza. Te inclinas a explorar el mundo de la intuición, la espiritualidad, las dimensiones sutiles. El número 5 te impulsa a buscar la verdad en todo, a no detenerte nunca en las primeras impresiones.

En el amor, como en la vida, buscas una conexión profunda pero libre. Tu pareja ideal es alguien que te comprenda y sepa bailar contigo, sin intentar retenerte ni limitar tu espíritu. Deseas una relación que sea como un diálogo sin fin, un descubrimiento continuo. Tu alma está siempre en movimiento, y necesitas a alguien que sepa apreciar esta faceta tuya, sin miedo a perderte. **Quien ame al número 5 debe estar dispuesto a compartir tu aventura**, a acoger tus cambios, a respetar tu necesidad de libertad.

El mensaje de Mercurio y Nabu es claro: **sigue tu curiosidad, escucha la llamada del cambio, pero no olvides encontrar un punto de equilibrio**. El número 5 es un número de transformación, de movimiento, de exploración, pero también de sabiduría. Tu reto es aprender a combinar tu naturaleza en constante evolución con una base estable, un punto fijo al que volver cuando sientas la necesidad de reencontrarte a ti mismo.

En definitiva, el número 5 es el número de las almas viajeras, de los que no temen explorar, de los que siempre buscan nuevas aventuras. Mercurio te guía con su energía viva e inteligente, y Nabu te inspira a buscar la sabiduría en cada experiencia, a convertir cada encuentro en una lección. Tu camino es único, diferente, lleno de descubrimientos. Tu camino nunca será aburrido y, aunque cambies a menudo de dirección, siempre sabrás volver a encontrarte a ti mismo.

Abraza tu esencia, abraza tu deseo de libertad y sigue explorando el mundo con la curiosidad de quien sabe que cada experiencia trae consigo una verdad. El número 5 es tu sello, tu invitación a descubrir el mundo con nuevos ojos, a danzar entre posibilidades, a dejar que cada encuentro, cada lugar, cada momento forme parte de tu viaje.

Número caldeo 6: La influencia de Venus y la bendición de Ishtar

El número 6 de la numerología caldea vibra bajo el encanto y la influencia de Venus, el astro de la belleza y la sensualidad, el planeta que, con su esplendor, parece susurrarte al oído promesas de armonía, placer y atracción. Esta energía venérea no es casual; encierra el vínculo con la divinidad caldea **Ishtar**, diosa del amor y la guerra, del deseo y la fertilidad, una fuerza que sabe hacer irresistible el número 6. Ishtar era conocida por su capacidad para hechizar y conquistar a cualquiera que se encontrara con ella, y las personas vinculadas a este número suelen llevar dentro este **encanto magnético** que parece emanar de forma natural.

Si su número es el 6, ya sabe lo que es entrar en una habitación y captar la atención sin pronunciar palabra. Tienes una presencia que difícilmente pasa desapercibida: los demás parecen atraídos por tu aura como por una música secreta, algo que toca el alma y hace vibrar las cuerdas más sutiles. Es tu don, el poder de fascinar, de aportar equilibrio y belleza, de suavizar y armonizar. No es un mero capricho de los astros, sino una energía ancestral que te hace experta en crear conexiones **que llegan al corazón** y vínculos que van más allá de lo superficial.

Ser un número 6 también significa poseer un sentido innato de la belleza y la gracia. Esta sensibilidad se manifiesta de muchas formas: desde tu amor por las artes hasta tu capacidad para apreciar los detalles estéticos, pasando por tu inclinación natural a rodearte de objetos que te hagan sentir seguro y en paz. Venus, en ti, es **deseo de serenidad y refugio**, pero también de pasión y conquista. En el plano romántico, tienes una capacidad increíble para entregarte a otro con dedicación y cuidado, pero al mismo tiempo consigues hacerte desear, permaneciendo un poco misteriosa, envuelta en un encanto que no acabas de comprender. Amas, pero tu amor debe respetar tu necesidad de belleza y armonía.

Ishtar no es sólo la diosa del amor, sino también de la guerra. Esta dualidad te atraviesa: puedes ser dulce, cariñosa, un refugio seguro para los que amas, pero al mismo tiempo puedes ser decidida y, si es necesario, incluso implacable. Cuando alguien intenta perturbar tu serenidad o amenaza lo que te es querido, sabes mostrar una fuerza sorprendente, una fuerza que recuerda la naturaleza guerrera de Ishtar.

Este lado oscuro, poderoso y protector es el secreto que te hace fascinante, porque pocos sospechan que detrás de tu dulzura se esconde una fuerza tan decisiva.

En el mundo social, tu magnetismo natural te hace carismático. La gente se siente atraída por tu forma de ser, tu capacidad para equilibrar pasión y dulzura, encanto y estabilidad.

Sabes utilizar las palabras como delicadas flechas para influir en los demás sin llegar a ser agresivo. Tienes una habilidad única para hacer que quienes te rodean se sientan a gusto, para sacar lo mejor de los demás simplemente con tu presencia. Pero también sabes, y éste es el lado más intrigante, cómo **dirigir tu encanto hacia tus objetivos**, como si tuvieras una brújula interior que te guiara, un deseo de lograr lo que te propones con elegancia, sin perder nunca el control.

Y aquí es donde entra en juego el aspecto más desafiante del número 6. **Esta misma capacidad de atracción puede convertirse en manipulación**. Eres experto en hacer que los demás vean lo que tú quieres que vean, en guiar sus emociones y reacciones para conseguir tus fines. En ti habita una profunda intuición, una sutil comprensión de las dinámicas emocionales y psicológicas, un don que, si no se utiliza con equilibrio, puede llevarte a utilizar tu poder de forma egoísta. Este lado del número 6 te previene contra la tentación de conseguir lo que quieres explotando las debilidades de los demás. Al fin y al cabo, Ishtar también es la diosa de la pasión impetuosa, y la línea que separa el deseo de armonía de la manipulación puede ser sutil.

Amar a un número 6 significa entrar en un mundo de contrastes: pasión y calma, dulzura y fuerza. Quien se enamora de ti no puede evitar sentirse hechizado, pero al mismo tiempo debe aceptar el reto de conquistar tu corazón día tras día. No te conformas con la superficialidad, y un amor tibio no es lo que buscas. Aquellos que desean estar cerca de ti deben demostrarte que merecen tu afecto, que comprenden tu esencia. Sin embargo, a veces tú también sientes la necesidad de alguien que pueda penetrar en ti profundamente, alguien que pueda ver más allá del encanto aparente y abrazar cada lado tuyo, incluso aquellos que tú mismo luchas por comprender.

El número 6 te convierte **en un compañero, un confidente, pero también en un guía** para quienes buscan la belleza en la vida. Tiene el don de transformar los ambientes, de infundir armonía allá donde vaya. Suele ser la persona a la que acuden los demás en los momentos difíciles, ya que irradia una tranquilidad que tiene el poder de tranquilizar, de hacer que los que le rodean se sientan protegidos.

Y a usted, en el fondo, le encanta ser esa figura de referencia, ese **centro de gravedad afectuoso y tranquilizador** para sus seres queridos.

Sin embargo, debe tener cuidado de no sacrificar demasiado de sí mismo por el bienestar de los demás. El número 6, con su llamada a la belleza y la serenidad, puede empujarte a anteponer las necesidades de los demás a las tuyas, a sacrificar tu propio equilibrio para proteger a los que amas. Pero Venus te enseña que el amor más auténtico no procede de la renuncia, sino del equilibrio.

Debes aprender a decir no cuando sientas que alguien puede aprovecharse de tu bondad, y a recordar que tu corazón también merece atención, cuidado y respeto.

Desde el punto de vista profesional, el número 6 le convierte en una persona excepcionalmente **creativa y diplomática**.

Te atraen las profesiones que te permiten expresar tu sentido estético, como el diseño, el arte, la moda o el interiorismo. Pero incluso en los negocios o en profesiones más tradicionales, sabes utilizar tu encanto para crear sinergias, para hacer del trabajo un entorno más agradable y armonioso. Tu influencia se deja sentir incluso sin alardes, aportando cambios positivos y un sentido de la belleza a situaciones que parecían áridas.

En resumen, el número 6 es un himno a la belleza, el amor y la protección. Te enseña que la vida puede ser un espacio de dulzura, serenidad y equilibrio, pero también te advierte de que no debes olvidar tu fuerza interior. Ishtar, con su naturaleza dual, te recuerda que el poder del amor sólo es real cuando va acompañado de la conciencia de tus límites, integridad y valía. **Abraza tu naturaleza venérea, deja que tu encanto y dulzura conmuevan a los demás, pero nunca sacrifiques tu esencia.**

Al final, tu viaje es un viaje para descubrir el verdadero amor: el que no nace de la dependencia ni del miedo, sino de la fuerza y la libertad.

Número caldeo 7: la influencia de Neptuno y la bendición de Ea

El número 7 caldeo está envuelto en el encanto de Neptuno, el planeta de las profundidades invisibles y la sabiduría oculta, una influencia que hace que este número sea especialmente misterioso. **Si sientes la llamada del 7, entonces estás en sintonía con la energía de las aguas eternas**, que fluyen silenciosas, invisibles, pero nunca inertes. Regido por la deidad Ea, el dios babilónico de las aguas y la sabiduría oculta, el número 7 lleva en sí la curiosidad del místico, la sed de respuestas que nadie más se atreve a buscar y la sutil percepción de lo que se oculta entre los pliegues de la realidad.

Ser un número 7 significa percibir el mundo a través de un filtro especial: un velo que deja pasar lo visible pero no puede ocultar lo invisible. Usted es el tipo de persona que nunca se conforma con respuestas sencillas, porque intuye que siempre hay algo más. Un misterio oculto en las palabras de los demás, un secreto que espera ser revelado en los gestos, un mensaje en las sombras de lo no dicho. Como Neptuno y como Ea, te mueves con gracia por el mundo de los arquetipos, las emociones y los símbolos, y lo haces con una naturalidad que puede parecer incomprensible a los demás.

El 7 es el número de la introspección, el retiro y la soledad sagrada. **No teme a la soledad; al contrario, hace de ella su santuario, el lugar donde puede desentrañar los misterios de su mundo interior**. Si eres un número 7, probablemente te encuentres a menudo reflexionando largamente sobre lo que ves y oyes, escarbando bajo la superficie de los acontecimientos y las palabras. Esta profundidad le convierte a veces en una figura enigmática a los ojos de los demás, una persona que puede parecer difícil de entender pero que, en realidad, posee una sensibilidad fuera de lo común.

La intuición es tu don secreto, la brújula que te guía por las corrientes invisibles de la vida. Puedes percibir las emociones de los demás, incluso cuando intentan enmascararlas. Puedes intuir intenciones ocultas y, a menudo, sentir cómo surge una verdad mucho antes de que se manifieste en el mundo material. Neptuno te ha dado la capacidad de ver más allá de las apariencias, y tu corazón y tu mente pueden captar los detalles más sutiles. Esta intuición no es una simple sensación, sino una verdadera visión, como un destello que te revela lo que se esconde tras las máscaras de la realidad.

Pero esta sensibilidad tiene un precio. **Tu camino está marcado a menudo por el reto de comprender lo que es real y lo que es ilusorio**. Neptuno, el planeta de los sueños y las visiones, te invita a explorar los límites entre lo real y lo falso, lo tangible y lo etéreo. Esto significa que puedes encontrarte vacilando, dudando de lo que percibes, preguntándote si tus intuiciones son ciertas o el resultado de una imaginación hiperactiva. El día 7 le enfrenta a esta prueba, empujándole a desarrollar una sabiduría sólida, una confianza en sí mismo que sólo el tiempo y la experiencia pueden aportar.

Ser un número 7 también significa sentir una fuerte atracción hacia todo lo misterioso y oculto. Te atrae lo que otros evitan o consideran prohibido: las **prácticas esotéricas, las disciplinas espirituales, el mundo del inconsciente y los sueños**. Neptuno, con su fuerza magnética, te guía para que explores tu psique, descifres los mensajes del inconsciente y penetres en los reinos de la espiritualidad más profunda. No eres una persona que se detenga en la superficie de las cosas: quieres conocer las raíces, quieres llegar al corazón del misterio, sea cual sea. Ea, el dios de las profundidades marinas, despierta en ti un hambre de conocimiento sagrado, de sabiduría olvidada.

Su conexión con la espiritualidad es única, profunda y, a menudo, solitaria. Si eres un número 7, probablemente sientas que tu trayectoria vital no es del todo convencional. Tal vez siempre haya sentido una ligera distancia entre usted y los demás, como si percibiera la vida en una frecuencia diferente. Este distanciamiento no es una falta de amor o empatía, sino una forma de protección, una manera de guardar tu mundo interior tan precioso y delicado. El 7 te pide que respetes tu singularidad, que aceptes que tu camino espiritual puede ser diferente del de los demás y que tu tarea consiste en buscar y preservar la verdad que has descubierto en tu interior.

Sin embargo, **esta búsqueda de la verdad y la profundidad también puede llevarte a una forma de aislamiento**. Tu visión de la vida, más sensible y atenta que la común, te lleva a sentir emociones intensas, lo que puede dificultar que compartas tu mundo con quienes no pueden comprenderte del todo. A veces te sientes solo, incomprendido, casi como suspendido entre dos mundos: el visible y el invisible. Pero esta soledad no carece de sentido. Es la tierra fértil en la que el día 7 planta las semillas de tu sabiduría interior, de tu capacidad para comprenderte a ti mismo y a los demás con una profundidad que sólo unos pocos pueden alcanzar.

A nivel práctico, el número 7 le convierte en una persona que busca el conocimiento en todas sus formas.

Te atraen los estudios, el arte, la filosofía, la ciencia y la espiritualidad. Te encanta observar, escuchar y recopilar información, y tu enfoque de la vida es similar al de un explorador: te sumerges en todo lo que pueda ofrecerte una respuesta o una nueva perspectiva. **Te interesa todo lo que pueda alimentar tu alma, todo lo que tenga un significado más**

profundo. Aunque tu naturaleza te lleva al aislamiento, es en este retiro donde encuentras tu alimento espiritual.

A nivel sentimental, sin embargo, la vida de un número 7 puede ser compleja. **Tu corazón es profundo, misterioso y anhela un amor igual de auténtico e intenso**. No te interesan las relaciones superficiales; prefieres la verdad, aunque duela, a la ilusión agridulce de un amor sin sustancia. Sin embargo, a menudo conoces a personas que no están dispuestas a descender a la misma profundidad emocional que es natural para ti, y esto puede dejarte con una sensación de vacío, de decepción. Buscas un alma afín, alguien que pueda mirarte a los ojos y ver más allá, alguien que sepa apreciar tu compleja naturaleza sin intentar cambiarla o limitarla.

En una relación, tu necesidad de introspección puede verse como distanciamiento, pero quienes te quieren de verdad entenderán que es tu forma de encontrarte a ti mismo.

No pidas a quienes te quieren que llenen tus lagunas, porque sabes que sólo tú puedes hacerlo. Pero pide comprensión, pide paciencia y, sobre todo, pide que respeten tu necesidad de silencio y de espacio personal. Si encuentras a alguien que respete esta necesidad tuya, podrás dar un amor que va más allá de las palabras, un amor que profundiza y transforma.

Por último, el número 7 te enseña el valor de la autenticidad y la coherencia interior.

No te interesa amoldarte a los demás ni seguir un camino que no sientes tuyo. Estás aquí para buscar tu verdad, construir tu visión del mundo y honrar tu alma en toda su complejidad. Neptuno te guía, y con él también Ea, el dios de las aguas profundas, te invita a no tener miedo de sumergirte en tus emociones, tus sueños y tu intuición. Te invita a explorar todos los aspectos de tu existencia, sin miedo a perder el contacto con la realidad, porque sólo así podrás encontrar tu verdadera esencia.

Así pues, el número 7 es una invitación a **seguir el corazón, a explorar sin miedo el misterio del alma**. Es una promesa de que, aunque tu camino sea solitario, es rico en significado y en preciosas revelaciones.

Tu viaje es el de una exploradora del espíritu, una buscadora que nunca se detiene, porque sabe que el verdadero tesoro está oculto en lo más profundo de su ser, y que su luz está destinada a brillar, aunque sólo sea para unos pocos elegidos.

Número caldeo 8: la influencia de Saturno y la bendición de Ninurta

El número 8 caldeo está envuelto en el austero y poderoso encanto de Saturno, el señor de la estructura, la disciplina y la sabiduría adquirida a través de la experiencia. Regido por la deidad caldea Ninurta, dios de la justicia y de las hazañas audaces, el número 8 encarna la esencia de la determinación, la perseverancia y la autoridad. Los marcados por este número no caminan por senderos fáciles, sino que sienten la llamada de tareas pesadas y de gran responsabilidad. **Ser un 8 significa aceptar un destino hecho de pruebas**, retos que forjan el carácter y metas que, si se alcanzan, pueden dejar una huella indeleble en el mundo.

La influencia de Saturno transforma al 8 en un constructor, un arquitecto de sólidos cimientos, que sabe que para levantar algo duradero debe empezar desde las raíces. Las personas vinculadas a este número suelen ser las que asumen las responsabilidades que otros rehúyen. Saben lo que significa sacrificarse por una causa, por un proyecto, por un objetivo, y se dedican a ello con una determinación inquebrantable. No se trata sólo de ambición, sino de un profundo sentido **del deber hacia uno mismo y hacia su camino**. Ser un 8 es comprender que la verdadera fuerza viene de superar los propios límites, de ir más allá de los propios miedos y construir algo tangible, algo real.

El número 8 posee un atractivo magnético, **una fuerza de la que no es necesario hacer alarde, porque está arraigada en un profundo sentido de la integridad**. Las personas marcadas por este número no buscan la aprobación ni el aplauso, porque su satisfacción reside en la realización de su tarea, no en los elogios. Saturno les enseña que el verdadero poder no es ruidoso, sino silencioso y persistente, un fuego que arde lentamente, pero que nunca se apaga. Esta perseverancia es lo que convierte al número 8 en un líder natural, alguien a quien los demás miran con admiración y respeto, aunque a menudo a distancia, intimidados por la intensidad de su aura.

Quienes resuenan con la energía del 8 saben que **cada paso adelante se gana con trabajo duro**, que nada en la vida se da gratis y que los verdaderos éxitos exigen sacrificio. A menudo, estas personas se enfrentan a retos que parecen injustos o desproporcionados, casi como si el propio destino les pusiera a prueba. Pero ése es precisamente el don secreto de Saturno: las pruebas no están pensadas para desanimar, sino para fortificar, para forjar un alma capaz de resistir y triunfar. **Ninurta**, deidad caldea de Saturno, simboliza esta energía de lucha y resistencia: es el dios que baja a los campos de batalla y regresa victorioso, un ejemplo de tenacidad para cualquiera que se sienta atraído por el número 8.

El número 8 representa, por tanto, un equilibrio entre autoridad y responsabilidad. **Ser un 8 significa encarnar el principio de autoridad no para dominar, sino para dirigir, no para controlar, sino para construir**. Los que pertenecen a esta energía comprenden que el verdadero líder es el que asume el peso de las decisiones, el que está dispuesto a dar un paso al frente cuando los demás dudan y el que sabe mantener la calma en las tormentas más turbulentas. Las personas influidas por el 8 son como rocas: estables, inmutables, capaces de soportar vientos y tormentas sin tambalearse.

En el amor, el camino de los marcados con el número 8 no es fácil. **Su corazón es tan disciplinado como su mente**, y no se abren fácilmente a las emociones. Son prudentes, reservados y a menudo se encuentran atrapados entre el deseo de conexión y el miedo a perder el control. Quien ama a un 8 debe ser paciente, respetar su tiempo y comprender que toda apertura es un acto de confianza ganada, un regalo que requiere reciprocidad y lealtad. A los 8 no les gustan las relaciones superficiales; prefieren la estabilidad, el compromiso y buscan a alguien con quien puedan construir un vínculo sólido y profundo.

Pero **Saturno siempre exige un** precio, y su precio es la paciencia, la tolerancia, la capacidad de soportar momentos de aislamiento e introspección. Los 8 no son inmunes a la soledad; de hecho, la soledad suele ser su santuario, el lugar donde se recargan, donde reflexionan sobre sus actos y vuelven a conectar con su propósito. Quienes tienen el 8 como número guía se sienten impulsados a mejorar, a alcanzar su versión más elevada, y saben que para ello deben enfrentarse a sí mismos, afrontar sus sombras y aceptar sus fragilidades.

El número 8 también es símbolo de **estabilidad material y abundancia**. Estas personas suelen sentirse atraídas por el éxito profesional y financiero, no por mera ambición, sino porque ven en la prosperidad una forma de seguridad y libertad. La disciplina de Saturno les guía en esta dirección, enseñándoles que todo recurso acumulado debe utilizarse sabiamente, que toda ganancia es fruto de un trabajo diligente y cuidadoso. Sin embargo, este deseo de estabilidad también puede convertirse en una trampa, ya que el miedo a perder lo construido puede generar ansiedad y temor al cambio.

Ser un 8 significa, finalmente, aceptar que la propia vida será un **viaje de transformación continua**, en el que cada obstáculo es una oportunidad para crecer y fortalecerse. La autoridad del 8 nunca se da por sentada; se gana día tras día, a través de elecciones meditadas y acciones coherentes. El éxito de un 8 no es un hecho fortuito, sino el resultado de una perseverancia imparable, de una capacidad de aguante incluso cuando todo parece ir en contra.

Saturno, con su energía severa e inflexible, enseña al número 8 que **el verdadero poder reside en la resistencia**. El 8 aprende a dominarse a sí mismo, a gobernar sus emociones y a disciplinar su mente, no por egoísmo, sino por el deseo de ser una fuerza estable y fiable para sus seres queridos. Ninurta les inspira a convertirse en guerreros de sus propias vidas, a librar sus batallas interiores y a no rendirse nunca en su propio camino, por difícil o incierto que sea.

Para quienes resuenan con el 8, la clave de su destino es comprender que cada reto es una prueba, cada derrota una lección y cada victoria un paso hacia una mayor realización. Su misión es aprender a confiar en sí mismos, a construir sin descanso y a utilizar su poder con sabiduría y compasión. **Ser un 8 significa encontrar un equilibrio entre ambición y humildad**, entre fuerza y vulnerabilidad, entre autoridad externa y paz interior.

Al final, el número 8 representa un viaje que conduce al autoconocimiento, un viaje en el que la verdadera riqueza está en el interior y en el que la verdadera victoria es la capacidad de permanecer fiel a lo que uno es, sin concesiones. Y así, bajo la guía de Saturno y Ninurta, el 8 avanza, consciente de que cada obstáculo le hace más fuerte, cada error más sabio y cada paso, por difícil que sea, le acerca cada vez más a su verdadera esencia.

Número caldeo 9: la influencia de Marte y la bendición de Nergal

El número caldeo 9, iluminado por la fuerza impetuosa de Marte, es la vibración de los guerreros y las almas que luchan por la justicia. Este número resuena con valentía, integridad y una energía incansable que impulsa a quienes se ven tocados por él a considerar la vida como un reto al que enfrentarse, una misión que cumplir. **Ser un 9 es encarnar el coraje de quien no teme la confrontación**, de quien no se echa atrás a la hora de decir la verdad o de defender lo que es justo. Quien tiene el 9 como número guía se mueve entre la pasión y la voluntad, entre el impulso de actuar y el deseo de proteger.

Marte, planeta del fuego y de la guerra, tiene una profunda influencia en este tema. Y con Marte está también **Nergal**, el dios caldeo de la destrucción y el renacimiento, la divinidad que guía a los guerreros en el camino de la vida y en sus luchas contra sus propias sombras. Esta combinación hace del número 9 una fuerza extraordinaria, capaz de transformar la realidad con sus propias manos. No hay lugar para la mediocridad: el número 9 vive intensamente, impulsado por una llama interior que arde indomable.

La energía del número 9 es audaz, siempre dispuesta a sobrepasar los límites, a probar las fronteras de lo posible. **La vida de un 9 es una prueba constante de carácter**: está llamado a recorrer caminos difíciles, a luchar por sus ideales y a mantenerse fiel a lo que considera verdadero y correcto. Los nacidos bajo esta vibración poseen una voluntad de acero y una determinación que les hace capaces de superar incluso los retos más difíciles. No se conforman con papeles pasivos, sino que siempre buscan ser protagonistas, dejar su huella.

Para quienes sienten la influencia de los nueve, **la justicia no es sólo un ideal abstracto, sino una misión personal**. Son personas que aman las batallas justas, que no temen alzar la voz contra la injusticia. Al contrario, extraen energía de la propia lucha, como si cada obstáculo fuera un empujón hacia su propia evolución. Nergal, la deidad asociada a Marte, representa la voluntad de transformarse y superarse: es el dios que destruye para regenerar, que escarba en lo más profundo para sacar a la luz la verdad.

La presencia del 9 en la vida de una persona implica un viaje de desafíos y renacimiento. **Estos individuos no temen romper con el pasado**, destruir lo que ya no resuena con su esencia y reconstruir sobre una base más auténtica. Están dispuestos a quemar puentes con el pasado para avanzar, impulsados por una sed de verdad y autenticidad que no pueden ignorar. Esta llamada a la transformación continua es una de las características más poderosas del número 9: quienes lo portan saben que nada es permanente, que la vida es una corriente incesante de cambio.

En el amor, el número 9 puede ser una fuerza abrumadora. Quienes resuenan con esta energía aman intensamente, sin reservas, y a menudo se entregan por completo a su pareja. Sin embargo, su naturaleza impulsiva y apasionada puede hacer que sean difíciles de comprender y manejar. No toleran las medias tintas, ni en el amor ni en la amistad. Si aman, lo hacen con todo su corazón; si se alejan, es porque han percibido una falta de sinceridad o de respeto. Un 9 necesita una pareja que sepa abrazar su naturaleza intensa y apasionada, que esté dispuesta a estar a su lado en los retos de la vida.

La lección del número 9 es, de hecho, **aprender a equilibrar fuerza y compasión**. Marte enseña a luchar, a no rendirse nunca, pero al mismo tiempo exige que el guerrero desarrolle también una profunda sensibilidad hacia la humanidad. El verdadero 9 no es sólo un luchador, sino un defensor de la verdad, un paladín que sabe cómo el poder de la justicia puede cambiar vidas, llevando luz donde antes sólo había oscuridad. Este aspecto compasivo es un don precioso para los portadores de la energía del número 9, porque les permite equilibrar su determinación con una profunda empatía hacia los demás.

Nergal, como Marte, encarna el lado oscuro y luminoso del número 9. **No sólo es el dios de la guerra, sino también de la curación a través de la destrucción**. Para el número 9, esta dualidad es fundamental: aprender a utilizar la propia fuerza no sólo para uno mismo, sino para crear un impacto positivo en el mundo. Las personas que viven bajo la influencia de este número suelen desempeñar funciones que requieren un gran sentido de la responsabilidad y la integridad: líderes, abogados, activistas, profesores. Cualquier campo que les permita poner su energía al servicio de los demás es un espacio natural en el que florecen.

El número 9 es también un símbolo del karma, un recordatorio para seguir el propio camino sin temer las consecuencias, conscientes de que cada acción deja una huella. Para las personas marcadas por esta vibración, el concepto de karma no es sólo una ley cósmica, sino una guía moral que les impulsa a vivir con autenticidad, a ser fieles a su palabra y a mantenerse firmes en sus valores. El 9 sabe que lo que uno da al mundo volverá, por eso siempre intenta actuar con rectitud, incluso cuando las circunstancias parecen jugar en su contra.

La esencia del 9 es una llama que arde y transforma. **Es la fuerza del guerrero espiritual**, que no lucha por sí mismo, sino por una causa mayor, que va más allá del ego y de la necesidad de reconocimiento. Los que encarnan el número 9 sienten la llamada a actuar por el bien colectivo, a defender a los más débiles, a luchar por los que no pueden defenderse. Por último, la energía del número 9 es un viaje de descubrimiento interior, un desafío continuo que lleva a las personas afectadas a descubrir sus propias profundidades y a enfrentarse a sus propias sombras. El número 9 enseña que **la verdadera fuerza no es sólo física, sino sobre todo espiritual**. El guerrero del número 9 es aquel que sabe que el coraje no es la ausencia de miedo, sino la capacidad de seguir adelante a pesar del miedo. Es una energía que pide dejarse llevar, sacrificar el ego por un fin superior y estar dispuesto a renacer siempre que la vida lo exija.

Bajo la influencia de Marte y Nergal, el número 9 se convierte en una fuerza motriz que desafía los límites, empujando hacia lo desconocido con un corazón firme y una mente clara. Su camino está hecho de desafíos, choques y victorias, pero también de momentos de introspección y de paz recién encontrada. Ser un 9 significa vivir intensamente, significa mirar la vida con ojos audaces, sin doblegarse nunca, pero siempre dispuesto a volver a levantarse. Su destino es el de guerreros, buscadores de la verdad, espíritus libres que encuentran su verdadera grandeza en el equilibrio entre la fuerza y la compasión.

CÁLCULOS NUMEROLÓGICOS CON EL SISTEMA CALDEO

Uno de los mayores retos, al emprender el viaje hacia la numerología caldea, es **comprender el lenguaje secreto de los números**. Tal vez ya haya comenzado a explorar este fascinante mundo, pero se haya sentido confuso, perdido en cálculos y fórmulas, incapaz de captar el verdadero poder que los números pueden tener en su vida. Muchos estudiantes novatos se encuentran en este mismo punto. La numerología caldea no es sólo un sistema de conteo; es un lenguaje astral, un código que conecta los números con las energías cósmicas, con mundos invisibles, con tu propia esencia. Pero, ¿cómo interpretar un sistema tan complejo? **¿Cómo dar sentido a los números** si no conoces su espíritu profundo, su significado astral? ¿Y cómo podrían guiarte si aún no sabes lo que realmente buscas?

Es fácil caer en el error de concentrarse sólo en los cálculos, en las sumas, en las técnicas que permiten aplicar el sistema numerológico, olvidando que cada número lleva en sí una vibración que debe ser sentida y comprendida antes de ser medida. Muchos de los "fuffa gurus" que se dedican a este campo se detienen en los números como si sólo fueran herramientas de cálculo, ignorando la dimensión espiritual. Pero, ¿qué puede ofrecerte un número si no conoces su significado más profundo? **¿Cómo puedes descifrar tu destino o**

encontrar respuestas en el esoterismo si no sabes cómo hacer que los números resuenen en tu alma?

Por eso he elegido llevarte de la mano, lentamente, al corazón de la numerología caldea. Antes de entrar en los cálculos, exploraremos juntos el alma de cada número. Cada número tiene su propia energía, vinculada a un planeta, a una deidad antigua, a una vibración específica. Sólo comprendiendo el aliento de los números podrás aplicar verdaderamente la numerología caldea a tu vida. **Los números hablan, pero sólo si estás dispuesto a escucharlos**. A lo largo de este viaje, no sólo encontrarás fórmulas o métodos de cálculo. Encontrará una guía que le revelará, paso a paso, **cómo interpretar las implicaciones esotéricas de cada número**. Descubrirá que los números, en realidad, son como portales que pueden abrir su conciencia a verdades mayores. Aprenderá a sentir cada número como una presencia, un símbolo que vibra en su interior y resuena con su experiencia. Es como si cada número pudiera contarte una parte de ti mismo, iluminar tus caminos y susurrarte hacia dónde ir. No es la numerología que se encuentra en los manuales convencionales. **Aquí, los números se convierten en compañeros de viaje**. Imagina cada número como una estrella en tu cielo interior, iluminando los caminos de tu alma. Antes de medir, debes sentir. Antes de sumar, hay que escuchar. Cada número representa una energía cósmica, y comprenderla te ayudará a iluminar las sombras de tu vida. El sistema caldeo es más antiguo de lo que puedas imaginar. Conlleva el conocimiento de los sacerdotes y astrólogos, de aquellos que vivían en comunión con las estrellas y los planetas. **Los números, según los caldeos, son mensajeros**. Cada número contiene un mensaje específico, una verdad oculta. Cuando empiezas a ver los números de esta manera, te das cuenta de que no son sólo herramientas para hacer predicciones o intentar comprender el futuro. Los números se convierten en llaves que abren puertas interiores y revelan secretos que quizá no sabías que guardabas.

ibración y esoterismo de los números

¿Has percibido alguna vez la vibración oculta que emites con sólo pronunciar tu nombre? Cada vez que lo haces, activas una melodía de energías esotéricas, un conjunto de vibraciones que se unen a ti como una firma invisible. **En la numerología caldea, cada nombre tiene una frecuencia única**, una resonancia que indica quién eres y qué traes contigo al mundo.

Esta antigua numerología no se limita a los números y los cálculos; va mucho más allá, explorando el vínculo entre el microcosmos -tu ser interior- y el macrocosmos -el universo y sus leyes-. **Los números no son sólo símbolos matemáticos: son fragmentos de estrellas y planetas**, portadores de virtudes astrológicas que se imprimen en nombres y letras. De este modo, tu nombre no es sólo un conjunto de letras, sino una especie de talismán mágico que vibra constantemente, impregnándote de sus virtudes y poderes.

El esoterismo siempre ha estudiado esta conexión entre lo grande y lo pequeño, entre el vasto universo y el mundo íntimo de cada uno de nosotros. **Cada número representa una fuerza celeste** que influye no sólo en tu destino, sino también en tu personalidad, tus relaciones e incluso en la forma en que los demás perciben tu presencia. En este intercambio constante entre energías cósmicas e interiores, los números se funden con las letras, creando una combinación única que resuena en tu nombre, como un mantra que te representa.

Imagine el sonido de una campana que suena y se expande en el aire. **Las letras y números de tu nombre actúan de forma similar**, emitiendo vibraciones que influyen en cómo te presentas a los demás y cómo te perciben. Cada palabra que pronuncias conlleva una onda de energía, y cada letra y número de tu nombre comunica una parte de ti, creando una frecuencia que se propaga a tu alrededor, dejando una huella. Es como si tu nombre fuera una melodía que pocos pueden descifrar, una nota portadora de tus virtudes y secretos, visible sólo para quienes saben escuchar de verdad.

Cada letra de tu nombre tiene un significado y una historia, y cuando la vinculas a un número, esta historia toma forma. Cada número, vinculado a un planeta, imprime una virtud esotérica a las letras, creando patrones y resonancias. Por eso, el nombre que llevas habla de ti. Un nombre nunca es aleatorio; es un entretejido de fuerzas que atraes y traes al mundo.

Piensa en tu nombre como en una puerta: algunos sólo percibirán la fachada, pero quienes sepan interpretar las energías ocultas en las letras podrán abrirla y descubrir lo que hay dentro. Cuando pronunciamos nuestro nombre, evocamos las energías de los números que representan las letras, dando lugar a una corriente de fuerza que no sólo influye en la forma en que somos percibidos, sino que también nos acompaña como un guía, una especie de guardián invisible.

Imagina poder ver cada número que compone tu nombre como un símbolo ancestral, **un puente entre tú y las fuerzas cósmicas**. Cada número, en este sistema esotérico, lleva su virtud, su luz y también sus sombras. No hay vibraciones sin sombras, como no hay luz sin sombra. Algunos números emanan energías positivas, atraen la abundancia y fomentan la conexión espiritual; otros, cuando están desequilibrados, pueden traer desafíos y obstáculos, enseñándote que toda fuerza tiene su lado oscuro.

Tal vez hayas notado cómo algunos días pareces irradiar más confianza y otros te sientes inseguro, como si un velo cubriera tu luz. Esto sucede porque **los números y las letras no son estáticos**: como las estrellas y los planetas, también se mueven y cambian, reflejando tu estado de ánimo, tus deseos, tus miedos. De este modo, tu nombre resuena de forma diferente cada vez que lo pronuncias, dependiendo de la energía que lleves dentro.

Luego están aquellos números que, más que otros, tienen una influencia tan poderosa que pueden revelar aspectos inesperados, lados de ti que tal vez ni siquiera conozcas. Las energías más fuertes, especialmente las vinculadas a los Números Maestros, conllevan responsabilidades y requieren un equilibrio constante.

Quienes poseen estas intensas vibraciones saben lo complejo que puede resultar manejarlas.

Un nombre que contiene estos números tiene el poder de atraer un gran potencial, pero también de sacar a la superficie lados oscuros, fuerzas que, si no se reconocen, pueden manifestarse de formas inesperadas. Por eso es tan importante aprender a conocer la propia vibración.

Saber qué energías hay dentro de tu nombre te da el poder de entender tu camino, de reconocer qué virtudes despiertas y qué retos puedes encontrar. **La numerología caldea te permite ver** más allá de lo **visible**, ir más allá de la superficie y descubrir el poder que llevas dentro.

No se sorprenda si, a medida que aprende, reconoce en sí mismo características o rasgos de los que antes no era consciente. Quizá descubras que tienes una fuerza inesperada o, por el contrario, una sensibilidad que te hace vulnerable en determinadas situaciones.

Pero recuerda que esta vulnerabilidad puede convertirse en tu mayor baza, como una luz que sólo brilla en la noche más oscura. Si hay una lección que enseña la numerología caldea, es que **cada nombre es un universo en sí mismo**, un reflejo de las estrellas, los planetas, las energías cósmicas. Cada número imprime una virtud esotérica a las letras, otorgándote cualidades que puedes despertar o transformar. Cada nombre es una invitación a explorarte y descubrir el potencial oculto, a hacer visible lo invisible.

Y así, tu nombre se convierte en un puente entre tú y el universo, una conexión viva que te habla, te guía, te revela quién eres realmente.

El sistema caldeo y el sistema pitagórico

Imagina por un momento que tu nombre, ese simple sonido que te define, es mucho más que una combinación de letras. Cada palabra, cada letra que compone tu nombre, conlleva una vibración, un rastro de energía que afecta a quién eres y a cómo te perciben. **Éste es uno de los secretos más poderosos de la numerología** caldea: a través de un antiguo lenguaje de símbolos y números, los caldeos revelaron la esencia oculta detrás de cada nombre, palabra y sonido.

Pero, ¿qué hace que el sistema caldeo sea tan especial? A diferencia del sistema numerológico occidental, que suele limitarse a una secuencia ordenada de números del 1 al 9, la numerología caldea surgió de una comprensión esotérica mucho más profunda. Para los caldeos, **cada número poseía una energía única y sagrada**, influida por las vibraciones del cosmos, los planetas y las fuerzas celestiales que creían que actuaban sobre nosotros. En el sistema caldeo, los números no son meros símbolos matemáticos; son portadores de cualidades esotéricas y virtudes astrológicas que actúan como verdaderos códigos energéticos.

Este sistema numerológico también se distingue por el respeto que muestra hacia el número 9, un número que los caldeos consideraban sagrado y misterioso. Para ellos, el 9 representaba el infinito, la eternidad, ya que toda multiplicación de él siempre vuelve a unirse a sí misma. Este respeto lo excluía de la tabla numérica normal, elevándolo a una dimensión casi mística. Por eso, en el sistema caldeo, **el 9 no se encuentra entre los números utilizados para calcular las letras**, y sólo aparece en los totales, como un silencioso mensajero del infinito.

A diferencia del sistema pitagórico, que pone gran énfasis en el nombre de nacimiento, la numerología caldea se centra en el nombre que usas actualmente, el que resuena con la energía de hoy, el que te acompaña en tu vida diaria. El nombre por el que te presentas, por el que te llaman, **lleva la energía de quien eres en este momento**. Es como si este nombre captara tus vibraciones actuales, las fuerzas que canalizas ahora, las que te influyen y te guían a través de los días y las noches.

Piénsalo: cada vez que cambia tu nombre, cambia también la energía que te rodea. Matrimonio, divorcio, apodos... cada nombre crea una nueva impronta energética, como una nota añadida a tu melodía personal. No es sólo una cuestión de elección o convención social; es una transformación profunda que influye en tus relaciones, tus éxitos y tus obstáculos. **Cada nombre es una puerta que abre nuevos caminos y posibilidades**.

Se trata de un sistema que no tiene parangón en el mundo numerológico. El sistema caldeo es único, profundo, misterioso y tiene raíces que se pierden en el tiempo. Los símbolos y números que utilizamos hoy en día son el resultado de un largo viaje que parte del cuneiforme, la antigua escritura de los caldeos, que consistía en signos lineales impresos sobre arcilla húmeda. Los caldeos utilizaban líneas rectas no por casualidad: era el método más eficaz para grabar con rapidez y precisión en tablillas de arcilla aún blanda, preservando sus mensajes y conocimientos durante siglos.

Este conocimiento ha atravesado el tiempo. Del cuneiforme ha pasado a otras lenguas y culturas: de los jeroglíficos egipcios a las letras griegas, de las inscripciones latinas al alfabeto que conocemos hoy. Pero la esencia de lo que nos legaron los caldeos, esa sabiduría que contempla las letras y los números como instrumentos de transformación, nunca ha cambiado. Ha permanecido viva, un arte secreto que aún podemos explorar.

Hoy en día, nuestro alfabeto es mucho más que un conjunto de letras. **Es un lenguaje que habla su propio idioma**, y la numerología caldea tiene el poder de traducir lo que nos está diciendo. Calcular tus números con este sistema significa emprender un viaje hacia ti mismo, un viaje en el que cada símbolo, cada dígito y cada letra se convierten en una guía hacia tu esencia más auténtica. El sistema caldeo no requiere complejos cálculos sobre vocales o consonantes; se basa en un profundo conocimiento de cada letra individual, permitiéndote descubrir aspectos ocultos de ti.

La numerología caldea **no es un oráculo cualquiera**. Es una herramienta de autoconocimiento que te revela cómo te relacionas con el mundo, cómo tus energías resuenan con las de quienes te rodean y cómo todo ello influye en tu camino. Con cada cálculo, con cada número, aprendes a reconocer lo que es visible de ti y lo que permanece oculto. Cada símbolo te invita a mirar más allá, a no detenerte en la superficie, sino a explorar las profundidades de tu alma.

Este sistema te muestra el poder oculto en las letras de tu nombre y te da acceso a una conciencia que puede transformar tu forma de vivir la vida. **Tu nombre se convierte en un reflejo de tu destino, una llave secreta que abre la puerta a lo invisible**. Empiezas a comprender que las palabras, al igual que los números, viven, respiran y hablan. Llevan consigo recuerdos y poderes, enraizados en los siglos y la tierra, como si su propia existencia estuviera ligada a las estrellas y los planetas.

La numerología caldea es, por tanto, **un viaje sagrado hacia tu identidad más profunda**. Es un viaje que requiere no sólo una comprensión intelectual, sino también una apertura del corazón y del espíritu. Cuando pronunciamos un nombre, las vibraciones de cada letra llevan consigo la energía de las virtudes planetarias, transmitiendo una especie de "huella cósmica" en el portador. El sonido y el símbolo se funden, y el nombre se convierte en el sello que protege y guía al portador.

Imagina poder descubrir el significado secreto de las letras de tu nombre, verlas como pequeños amuletos energéticos, cada uno con su propio poder. Cada letra encierra una intención, una virtud, una cualidad que enriquece tu camino, y todo el nombre resuena como un hechizo que atrae lo que necesitas y te protege de lo que no necesitas. **De este modo, la numerología caldea se convierte en un ritual de conexión con el universo**, una forma de enraizarte en el presente mientras te expandes hacia el cosmos.

Cada nombre, por tanto, es como un portal abierto al misterio. Las vibraciones contenidas en las letras y los números se convierten en una danza de energías sutiles, una canción intemporal que nos recuerda quiénes somos y en qué estamos destinados a convertirnos. No hay nada aleatorio en lo que revela el sistema caldeo. Cada sonido, cada símbolo es un fragmento de un diseño mayor, un tejido invisible que conecta tu camino con el todo.

El gráfico caldeo

Sumergirse en los cálculos del sistema caldeo es como seguir una senda antigua, un camino trillado por siglos de misterio y sabiduría oculta. Cada letra de tu nombre, cada dígito que compone tu trayectoria vital, está cargado de una vibración única, una verdad que espera ser revelada. Este capítulo te llevará a través del proceso de descubrimiento y conexión con la esencia numérica de tu nombre, con la energía que proyectas en el mundo y con el mensaje que cada letra pretende comunicarte.

Empieza por el nombre que utilizas con más frecuencia. El sistema caldeo tiene en cuenta tu nombre actual, el que utilizas y que te representa en el mundo, ya que contiene las vibraciones que influyen en tu vida cotidiana. No importa cuál sea tu nombre de pila registrado en el registro civil; lo que importa es la vibración activa, la que resuena cada vez que alguien te llama o cuando te presentas a los demás. Cada vez que pronunciamos un nombre, emitimos una vibración que se imprime en la energía circundante. **La numerología caldea te invita a explorar precisamente esta vibración activa**, ya que es la que refleja tu "aquí y ahora" y determina cómo te perciben y cómo interactúas con el mundo.

En primer lugar, puede resultarte útil dibujar a mano una versión del gráfico caldeo que utilizarás para los cálculos. Tener esta herramienta en las manos, trabajar en ella, te conectará aún más con el conocimiento ancestral que estás a punto de explorar. **Cada número es una puerta que se abre** a cualidades ocultas, a potenciales que esperan manifestarse o a lecciones kármicas que anhelan ser comprendidas. No te limites a ver los números como símbolos estáticos, sino que considéralos energías vivas, cada una portadora de una virtud astrológica particular.

A continuación encontrarás la tabla de conversión caldea, a partir de la cual podrás asociar cada letra de tu nombre con su número respectivo. Esta es la clave que le permitirá descifrar las vibraciones inherentes a su nombre:

1	2	3	4	5	6	7	8
A	B	G	D	E	U	O	F
Q	R	C	M	H	V	Z	P
Y	K	L	T	N	W		
I		S		X			
J							

Tómate tu tiempo para anotar los números asociados a cada letra de tu nombre y calcular el total. Recuerda: **el valor numérico de tu nombre no es sólo un dígito; es una vibración que encierra un mensaje para ti**.

Une el microcosmos de tu esencia personal con el macrocosmos, ese vasto sistema de energías planetarias que los antiguos caldeos observaban en el cielo nocturno. El esoterismo se basa precisamente en este concepto: **las fuerzas que actúan en el cosmos también resuenan en tu interior**. Cada número del sistema caldeo representa una cualidad específica, una virtud que se imprime en las letras e impregna tu nombre de significados ocultos y simbólicos.

Trabajar con estos números significa abrir los ojos a uno mismo como nunca antes. Cada dígito, cada combinación revela un fragmento de tu ser interior, una historia que sólo tú puedes descifrar. **La numerología se convierte en un viaje personal, un descubrimiento de cómo cada aspecto de tu personalidad resuena con el universo.**

No dejes que sea una mera práctica intelectual; deja que se convierta en una danza intuitiva, una forma de escuchar esa voz interior que puede que hayas desatendido durante demasiado tiempo.

En el sistema caldeo, una vez identificados los números, el siguiente paso es comprender sus interacciones, las armonías o contrastes que crean. Estos números representan departamentos en tu vida y reflejan tanto puntos fuertes como retos. No tengas miedo si descubres que un número o combinación trae consigo una lección desafiante. Las vibraciones cálidas no juzgan; sólo te ofrecen la oportunidad de ver con claridad, de abrazar cada aspecto de ti mismo con amor y comprensión.

Concédase tiempo para reflexionar sobre lo que surja.

Este proceso no trata de respuestas inmediatas ni de soluciones preempaquetadas; es un viaje que te invita a explorar los mensajes silenciosos que te han acompañado a lo largo de tu vida.

Cuando mires tus números, no olvides que cada cifra está ahí por una razón, una razón que sólo tú puedes entender en su totalidad. Deja que el significado emerja lentamente, sin prisas. A veces, una simple asociación o reflexión puede abrir puertas insospechadas, revelando conexiones y caminos que nunca imaginaste.

Lleve un registro de sus resultados y de los conocimientos que vaya obteniendo.

Esta práctica te permitirá ver patrones y conexiones, darte cuenta de cómo cada número y cada letra construyen un mosaico, un mapa interior único. **El resumen visual final será una valiosa clave para comprender tus vibraciones**, tu dinámica, lo que te impulsa y lo que te arraiga.

A medida que explores este sistema, te darás cuenta de que cada nombre, cada dígito, cada combinación de números forma parte de un lenguaje secreto que el universo utiliza para hablarte.

La numerología caldea es más que una ciencia oculta; es una forma de autoconocimiento, un medio para reconocer las partes más ocultas de uno mismo. Abraza este conocimiento con el corazón abierto y deja que los números te lleven al descubrimiento de tu verdadera esencia.

Análisis de los nombres según el sistema caldeo

Imagínese sentado frente a una hoja de papel en blanco, bolígrafo en mano y su nombre completo escrito en letras mayúsculas. Es un momento íntimo y poderoso, en el que estás a punto de descubrir algo misterioso y profundo sobre ti mismo.

Tu nombre, tan familiar y a la vez tan lleno de secretos, es en realidad un código. Un código que, con la ayuda de la numerología caldea, puede revelarte tus rasgos ocultos, las energías de las que eres portador, los retos que estás llamado a superar.

Coge una hoja grande de papel y divide el espacio entre el nombre, el posible segundo nombre y el apellido. Déjalos respirar, deja espacio entre ellos, porque cada uno de estos elementos habla de una parte diferente de ti. Más abajo, escribe el mes y el día de tu nacimiento, ya que también influyen en la vibración general que te representa.

Ahora, encima de cada letra de tu nombre, escribe el número correspondiente según la tabla caldea tradicional.

A continuación se muestra un ejemplo de tabla de conversión con el nombre "John Smith" para ayudarle a visualizar el proceso:

Carta Número Nombre: J-O-H-N S-M-I-T-H

J	1	J (1)
O	7	O (7)
H	5	H (5)
N	5	N (5)
S	3	S (3)
M	4	M (4)
I	1	I (1)
T	4	T (4)
H	5	H (5)

Debajo de cada letra, ahora tienes un dígito que representa la vibración numérica de esa letra específica y, en consecuencia, el aspecto único de tu personalidad que se manifiesta a través de esa parte de tu nombre.

Suma de los números de cada nombre

El siguiente paso es sumar los dígitos de cada nombre individualmente. Suma los dígitos de "John", luego pasa a "Adam" (o un posible segundo nombre) y, por último, suma los dígitos de "Smith". **Cada uno de estos totales representa un "número secundario"**, una indicación separada y profunda de cómo contribuye cada parte de tu nombre a tu energía general.

Si el resultado es un número de dos cifras, suma estas dos cifras hasta reducirlo a un solo dígito. Repite el proceso para cada nombre. Una vez que tengas un número para cada parte del nombre, descubrirás una vibración única para cada fragmento de ti. Es como mirar las piezas de un mosaico antes de verlas unidas en un cuadro más grande.

El número total del nombre

Ahora combina todas las sumas de tus nombres para obtener un único número: **el Número Total de Nombre**. Este número es un reflejo de ti mismo, una amalgama de las diferentes partes de tu identidad que, juntas, te representan por completo. El Número Total de Nombre encapsula tu "don" universal, esa energía fundamental que trajiste a esta tierra.

Este número representa tu potencial más elevado, los recursos internos con los que puedes contar y también los retos a los que te enfrentas para realizar tu auténtica esencia. Es el número que resuena en el universo y representa cómo te perciben no sólo las personas, sino también las energías y vibraciones superiores que te rodean.

Significado de los números secundarios

Los números secundarios, los derivados de los nombres individuales, conllevan mensajes importantes. Pueden indicar cualidades latentes, aspectos que hay que desarrollar o rasgos que hay que abordar. **Estos números te guían como faros, revelándote el camino** que puedes elegir para convertirte en una versión más completa y plena de ti mismo.

Estos números le ayudan a explorarse a sí mismo y a comprender el potencial que encierra cada nombre. El nombre podría susurrarte acerca de tus inclinaciones creativas, el segundo nombre podría hablarte de tus profundas conexiones, mientras que el apellido podría guardar los secretos de tu fuerza interior y tus raíces.

En este viaje de desciframiento, no olvides que cada número tiene una vibración vinculada a las energías del universo. Igual que las estrellas influyen en las mareas, los números llevan una carga magnética que toca las cuerdas más profundas de tu espíritu. **Cada suma y cada número no es sólo un cálculo, sino un símbolo de quién eres**, y te invita a resonar con el universo de forma consciente.

Cada vez que vuelvas a ver tu nombre y descubras un número, detente un momento. Pregúntate qué significa para ti, qué evoca, y escucha los pensamientos y percepciones que afloran. En este proceso, conectas con una red invisible de sabiduría ancestral que te guía y te apoya.

Anota todo lo que descubras y observa cómo estos descubrimientos conectan con tu vida. Quizás notes sincronicidades, coincidencias que parecen aleatorias pero que hablan a un nivel profundo. **Este ejercicio es un diálogo continuo con el universo**, una forma de sintonizar con tu vibración más auténtica.

Con el tiempo, puede que descubra que su Número Total del Nombre le ofrece una nueva visión de su misión personal. O puede que encuentre consuelo en las cualidades que representa cada subnúmero. Esta conexión numérica te hace consciente de quién eres, de tu potencial y de cómo puedes caminar por el mundo como un alma en sintonía con las fuerzas cósmicas.

Ejemplo de cálculo

Para ayudarle a visualizar mejor, aquí tiene un ejemplo de cálculo para el nombre "John Smith":

1. Escribe "John Smith" y utiliza la tabla de conversión para asignar un número a cada letra:
    - J (1), O (7), H (5), N (5) - total: 1+7+5+5 = 18
    - S (3), M (4), I (1), T (4), H (5) - total: 3+4+1+4+5 = 17
2. Reduce los totales a un solo dígito:
    - 18 se convierte en 1+8 = 9
    - 17 se convierte en 1+7 = 8
3. Combine los números secundarios para obtener el Número Total del Nombre:
    - 9 + 8 = 17, que a su vez se reduce a 1+7 = 8.

El Número Total del Nombre para "John Smith" es 8.

Este número representa el panorama general: la vibración que llevas a lo largo de toda tu existencia. Es el regalo que el universo te ha concedido, y si eliges conectar con esta energía, podrás alinearte con tu propósito más elevado. **Explora y adopta este número como guía**: te habla de tu alma, de los talentos que puedes manifestar y de los retos que te transformarán.

Al seguir estos cálculos y reflexionar sobre los números que surgen, viajas dentro de ti mismo, descifras los misterios que llevas contigo y abres nuevas puertas de conciencia y crecimiento.

Cálculos avanzados

Cuando nos acercamos a los cálculos avanzados de la numerología caldea, entramos en un territorio de profunda complejidad, donde cada número de varias cifras se revela como un mosaico. Cada elemento del número -unidades, decenas, centenas, millares- se convierte en una pieza que cuenta una historia, y juntos crean una imagen simbólica que ilumina partes de ti que quizá nunca hayas explorado. Es aquí donde **realmente se manifiesta la esencia de la numerología caldea**: los números simples, con los que comienzas tu viaje, son sólo el preludio. Son la llave de entrada, el primer aliento de un lenguaje antiguo enraizado en el tiempo y el cosmos.

Empezar con un solo dígito es fundamental. Para los que se inician en este camino, el consejo es centrarse en el dígito único, que conlleva una vibración pura y simple, una energía directa e inmediata. El dígito único es como una piedra preciosa que brilla con luz propia, fácil de contemplar y comprender. No es sólo una guía, sino un verdadero maestro que te introduce en las primeras resonancias de la numerología. Sin embargo, para quienes se sientan preparados para profundizar, existe un sistema avanzado que va más allá de los números aislados. Este método único, raramente descrito en otro lugar, permite descomponer los números complejos para revelar su esencia más íntima.

Imagina cada dígito como una nota musical, y cada posición numérica -unidades, decenas, centenas, millares- como un tono que varía la intensidad del mensaje. En el sistema caldeo avanzado, las unidades resuenan con la vibración **del número 1**, que representa la esencia pura e individual, el "yo" original. Las decenas adquieren la cualidad del **número 2**, llevando consigo el significado de la dualidad, las relaciones y la cooperación. Las centenas, bajo la influencia **del número 3**, son el reino de la expansión, la expresión y la creación. Por último, los miles, asociados al **número 4**, hablan de cimientos sólidos, estabilidad y las estructuras que sostienen todo lo demás.

Cada dígito colocado en estos planos no es aleatorio: refleja una dinámica única, un equilibrio de fuerzas que actúan en su camino. Por eso, por ejemplo, un número como 2019 puede "leerse" como 2 de millares, 0 de centenas, 1 de decenas y 9 de unidades. Cada uno de estos números tiene su propio peso, y juntos crean una vibración específica, una energía que pulsa y vive en resonancia con tu alma.

Pero recuerda que no se trata de una carrera contrarreloj, y que no es necesario precipitarse a la hora de calcular e interpretar números o conceptos complejos como el Camino Kármico o el Número de Vida. **Cada número merece su propio espacio y tiempo para ser comprendido**, al igual que cada pensamiento y emoción necesita ser experimentado para revelar su verdadera naturaleza. Profundizar en los números avanzados requiere experiencia y una base sólida, una comprensión que vaya más allá de la curiosidad inicial. Es como cavar un pozo: cuanto más profundizas, más se intensifica tu conexión con las aguas subterráneas, las profundidades ocultas de tu ser.

El sistema avanzado está a tu disposición para cuando estés preparado, para cuando tu camino te lleve a querer descubrir esos símbolos ocultos que sólo los números complejos pueden revelar. El camino numerológico, al fin y al cabo, es un viaje de crecimiento interior, y la numerología caldea te invita a explorar estos cálculos avanzados sólo cuando te sientas verdaderamente seguro, como si cada dígito y cada valor ya hubieran cobrado vida en tu mente y en tu corazón. Tomarte tiempo para saborear cada descubrimiento te permitirá construir una auténtica conexión con los números, haciendo de cada interpretación un paso más en tu evolución personal.

Y como cualquier camino de consciencia, la numerología encuentra su belleza en la práctica. Tómate tu tiempo para practicar, experimenta con los números y las vibraciones que surgen de tu nombre y fecha de nacimiento. Deja que cada dígito revele su significado lentamente, sin forzarlo. **Es un viaje de descubrimiento, y cada número tiene un mensaje para ti**: no tengas prisa por desvelarlo todo de golpe.

Cuando esté preparado para descubrir más sobre los secretos de esta antigua ciencia, Templum Dianae estará aquí para acompañarle. Mantente en contacto con nosotros para enterarte de futuras publicaciones sobre numerología caldea y artes esotéricas. Cada etapa de este viaje es una puerta que se abre a nuevos mundos, y tú eres el guardián de las llaves.

EJERCICIOS GUIADOS

Imagina que te sumerges en un espacio suspendido en el tiempo, un lugar que sólo existe para ti y tus preguntas. **Un silencio envolvente** se instala a tu alrededor, como una niebla sutil que susurra verdades ancestrales. En este espacio de misterio y contemplación, sientes una llamada. Es algo que te atrae, una energía que vibra entre tu corazón y tu mente. Una débil señal, como un toque invisible, te sugiere que hay respuestas, pero no en palabras. Las respuestas están en los números.Así comienza tu viaje, un viaje que te pide que confíes en tus sentidos, que agudices tu percepción para captar matices invisibles a los ojos.

Los números no son sólo símbolos: son portales, claves de realidades sutiles, misterios que te llaman a descubrir lo que está oculto. La invitación es sencilla, pero profunda. Te pido que abandones el pensamiento lógico, que te entregues a la sensación pura, a la energía sutil que fluye a tu alrededor. Tómate estos ejercicios como una especie de ritual personal, un espacio sagrado donde puedes encontrarte con cada figura como un amigo, un guía.¿Estás listo para bailar con la energía de los números? No hay prisa ni reglas estrictas. **Siéntate cómodamente** y deja que tu respiración encuentre un ritmo lento y profundo. Cada exhalación te acerca un poco más a este espacio interior, donde los números cobran vida. Estos son los pasos para empezar. No te preocupes si algo no parece claro al principio o si tu corazón no capta todas las señales inmediatamente. Este camino es personal, íntimo, y cada encuentro con un número es un acto de pura confianza.

Visualización y meditación.

Cierra los ojos. Respira profundamente y deja que el mundo se desvanezca por un momento, disolviéndose en el silencio. Estás en un espacio que conoces bien y, sin embargo, al mismo tiempo, tiene un aire misterioso y secreto, como una habitación oculta dentro de ti. Es aquí donde cada número susurra, donde cada cifra revela su secreto. Este es un tiempo dedicado a ti, a tu conexión con las energías profundas y sutiles. ¿Estás preparado para descubrir lo que cada número puede aportar a tu vida?

Empieza por elegir un número que te atraiga, como una nota musical que sólo resuena para ti. Observa qué número te llama. Puede ser uno relacionado con tu fecha de nacimiento, o uno que encuentres a menudo, en coincidencias, en sueños. Déjese guiar por el instinto. No es el número el que se elige: es él el que te ha elegido a ti, y tú respondes a su llamada.

Imagina ahora que el número toma forma, como una luz suspendida en el centro de tu ser. **Observa esta luz clara y vibrante**. Es más que un número, es una esencia viva. Como una flor que se abre lentamente, deja que el número se muestre con toda su energía. Siente su vibración: es una presencia que crece y se expande hasta hacerse clara, casi tangible. No tengas prisa. Permanece a la escucha, sin necesidad de explicar ni interpretar. El número se hará entender.

Ahora cierra los ojos y presta atención al significado planetario del número. Cada número de la numerología caldea **está vinculado a un planeta**, que infunde sus características. Si has elegido el número dos, imagina la energía de la Luna. Percíbela como una caricia fría y profunda, como una ola que sube lentamente y luego retrocede con suavidad. Así es la energía lunar: tranquila, suave, a veces misteriosa. Déjese envolver por ella. Si has elegido el número cinco, siente la energía rápida e imprevisible de Mercurio, como una brisa fresca que impulsa tus pensamientos a fluir y jugar, ligeramente. Sea cual sea el número que hayas elegido, **conecta con el planeta que lo representa**.

Permanece en este espacio, escuchando. Deja que la energía del número se abra camino dentro de ti, sin intentar controlarla. Es una energía sutil, pero poderosa. Es como si el número te hablara, pero no con palabras. Es un lenguaje de vibraciones, de intuiciones. **Deja que se revele**. No intentes comprenderlo inmediatamente. Hay un momento para cada revelación, y ahora es el momento de recibir, no de analizar.

Cada número tiene una frecuencia, una voz única que puedes percibir. Es como si te mostrara un nuevo lenguaje, un lenguaje hecho de energía. Reconocer estas vibraciones te acerca a la verdadera esencia de cada número. Es una conexión que no necesita lógica, sólo sensibilidad. Permítete entrar en esta danza con el número, sin expectativas.

Repite este ejercicio cada día con un número diferente. Cada uno tiene un mensaje, una esencia planetaria que te ofrece una forma de ver el mundo y a ti mismo desde nuevas perspectivas. Observa cómo el número cambia tu estado interior, cómo su vibración se mezcla con la tuya. Es un proceso que requiere tiempo y paciencia, pero que trae consigo **una nueva conciencia**. A través de la meditación, permites que el número forme parte de ti, que entre en tu mundo interior y lo enriquezca.

Con el tiempo, notarás que cada número empezará a revelar aspectos ocultos de ti. Será como **un mapa interior que** se revela poco a poco, hecho de luz, vibraciones, conocimiento. Descubrirás cómo cada número es una puerta, un camino para alcanzar niveles más profundos de tu alma. Y a medida que continúes con estos ejercicios, tu conexión con el mundo de los números crecerá, se hará más fuerte, hasta convertirse en parte de tu conciencia cotidiana.

Cada número te muestra un camino hacia un mundo de energías sutiles y poderosas. Tu viaje con los números nunca es un mero ejercicio: es un camino de despertar interior. **Acoge cada número como un maestro**, como un aliado que te acompaña hacia una mayor comprensión de quién eres.

Por último, ten paciencia contigo mismo. La numerología caldea no es una ciencia exacta: es un camino, un sendero que serpentea dentro y fuera de ti. No se trata de aprender fórmulas o definiciones, sino de sentir, de percibir lo que el número quiere revelarte. Es un diálogo silencioso, un descubrimiento que crece día a día.

El libro de las sombras de los números.

Ha llegado el momento de crear un lugar sagrado para guardar los secretos que te revela la numerología. **Imagina un libro propio**, un guía silencioso, un compañero que te observe y recoja las señales de tu camino. Será tu cuaderno de números, un diario que te acompañará siempre que sientas la necesidad de aclararte o sumergirte en la magia de los cálculos numerológicos.

Elige un cuaderno especial, uno que te inspire y que sea bonito de tener en las manos. No será un simple cuaderno: **es tu Libro de las Sombras Numéricas**. Cada página que escribas tendrá un significado, cada línea se convertirá en una pequeña puerta a tu mundo interior. No tengas prisa, deja que el tiempo te guíe y que cada cálculo, cada nombre escrito aquí sea una especie de ritual, un gesto de conexión con el universo de los números.

Imagina que empiezas por lo básico: escribes tu nombre, luego tu apellido y empiezas a calcular su valor numerológico. Cada letra tiene un número y cada número encierra un poder. Siente las vibraciones mientras haces los cálculos, siente la energía que emana de los números. Tu nombre es más que un conjunto de letras: es una clave, una entonación que resuena y se alinea con el cosmos.

Continúa con los nombres de las personas que son importantes para ti. Los números que surjan te dirán mucho sobre ellos y sobre el vínculo que os une. Escribe sus nombres con atención, anota los cálculos y los sentimientos que te surjan. No pienses en los números como resultados estáticos, sino como voces que te hablan de historias pasadas, posibles caminos, retos y armonías. Siente las vibraciones que resuenan en estas conexiones, como olas que se superponen o retroceden. Con el tiempo, las páginas de este libro se convertirán en un mapa para ti, una guía para entender tus relaciones, para percibir lo que te une y lo que te distancia de los demás.

Las fechas también pueden revelar secretos. Cada momento especial tiene su propio código numérico: cumpleaños, aniversarios, fechas importantes en tu vida o en la de tus seres queridos. Anótalas y calcula su significado numerológico. Siente cómo cada fecha te habla de una energía, un ciclo, un movimiento que crece y se expande. Puede que descubras que algunas fechas se repiten, que algunos números vuelven como señales, como pequeños mensajes que el universo te envía. Deja que tu libro se convierta en un refugio para estas señales. No hay reglas rígidas: sigue tu instinto y permítete explorar.

Mientras escribes, déjate guiar por tu intuición. Cada número, cada cálculo es un paso en tu investigación, una pieza que se añade al mosaico. **No intentes entenderlo todo de inmediato**. La belleza de la numerología es su misterio, su capacidad para revelarse lentamente, fragmento a fragmento. Cada vez que vuelvas a leer lo que has anotado, será diferente, y los números te revelarán algo nuevo.

Este cuaderno será tu compañero, un lugar donde anotar los pensamientos, las percepciones que surjan durante tus meditaciones. Después de cada ejercicio, tómate unos minutos para anotar lo que has sentido. Si te habló un número en particular, describe lo que sentiste, si sentiste una emoción, un recuerdo. Deja que estas palabras te guíen a través del tiempo. Puede ocurrir que, al releerlas, un día captes un significado que no viste inicialmente.

Este Libro de las Sombras de los Números será tu amigo silencioso, un guardián de las revelaciones que sólo tú has descubierto. Con el tiempo, notarás cómo cada dígito, cada nombre, cada fecha es una puerta a una parte oculta de ti, y cómo cada cálculo te acerca a tu esencia. Este libro se convertirá

en un espejo de tu viaje interior, un punto de referencia para comprender mejor lo que vives, las energías que te rodean y las señales que te envía el universo.

Con el paso de los días, siempre que te sientas confuso o en busca de respuestas, puedes volver a este libro, y sus páginas te hablarán. Todo lo que tienes que hacer es abrirlo y releer las palabras que has escrito para encontrar significado, dirección, sentido. No es necesario analizarlo todo, ni buscar explicaciones lógicas. Los números hablan un lenguaje que se revela lentamente, que requiere paciencia y escucha.

A través de este cuaderno, estás creando una conexión profunda con las fuerzas que guían tu camino. Cada vez que escribes, cada vez que añades un nombre o una fecha, estás cultivando un diálogo íntimo con el misterio de los números. **Este es tu mapa, tu guía**, un camino que se revela poco a poco y se va aclarando a medida que lo recorres.

Y así, página tras página, cálculo tras cálculo, empezarás a ver cómo todo está conectado. Reconocerás los patrones, las repeticiones, las señales que emergen a través de las cifras. Este libro te ayudará a trazar un camino de conciencia, como un hilo dorado que te guía a través del laberinto de tus preguntas y respuestas.

Con el tiempo, tu Libro de las Sombras de los Números será un precioso refugio, un espacio donde el tiempo se detiene y las verdades se revelan suavemente. No será sólo un cuaderno: se convertirá **en una extensión de tu alma**, un lugar que te acompañará en tu viaje espiritual. Cada vez que lo abra, sentirá que vuelve a casa, al centro de sí mismo.

Rituales con hierbas y cristales.

Ahora es el momento de conectar con cada número no sólo a través del pensamiento, sino **a través de la energía tangible** de hierbas y cristales, vinculados a los planetas que rigen estos números. Cada número lleva consigo una vibración antigua y poderosa, y puedes invocarla aquí, ahora, a través de un pequeño ritual.

Comienza eligiendo el número con el que deseas trabajar. Siente la energía de ese número como una presencia viva, una esencia invisible que espera a revelarse. **Cada número está vinculado a un planeta**, y cada planeta tiene piedras y plantas que amplifican su energía. Si trabajas, por ejemplo, con el número seis, sentirás la llamada de Venus. Coge cuarzo rosa y algunos pétalos de rosa secos. **Enciende una vela** y deja que la energía del cuarzo y el delicado aroma de la rosa llenen la habitación.

Tómate un momento para contemplar la piedra, siente su superficie fría bajo tus dedos, observa su suave luz. Mientras cierras los ojos, imagina que el número seis brilla ante ti, envuelto en un aura de luz y amor. Respira profundamente y deja que la energía de Venus te envuelva, como un manto de ternura y paz.

Este ritual es sencillo, pero poderoso. **No necesitas objetos raros o difíciles de encontrar**: las hierbas suelen ser las que ya tienes en tu cocina o jardín, e incluso un pequeño cristal puede contener una gran energía, siempre que sea auténtico. La clave es la intención, la voluntad de crear un espacio sagrado y conectar profundamente con el número que has elegido. Puedes repetir este ritual con números diferentes, descubriendo cómo cada uno tiene una voz, una vibración única, que te habla de un modo distinto.

Coloca delante de ti la piedra y la hierba dedicadas a ese número y déjate transportar. Cierra los ojos e imagina el número brillando, rodeado del aura de su esencia planetaria. Cada número es un portal a un mundo oculto y, a medida que te concentras en él, siente cómo se fortalece, cómo su energía resuena contigo, cómo se convierte en parte de ti.

Mantente abierto a lo que percibes. Puede que sientas una sensación en el cuerpo o una intuición repentina. Puede que aparezca una imagen en tu mente, o una emoción inesperada. **Éste es el lenguaje sutil de los números y los planetas**, un lenguaje que no se habla con palabras, sino con vibraciones, con símbolos, con pequeñas señales que sólo el corazón puede descifrar. Cada ejercicio, cada ritual que practiques es un paso hacia una conciencia más profunda, una forma de arraigar en ti la conexión con los números. Cada vez que te sientas a contemplar un número, sientes cómo la numerología pasa a formar parte de ti, cómo se convierte en una forma de ver el mundo y de entender incluso tus experiencias más íntimas. Es un viaje que requiere paciencia, pero que trae consigo **una gran sabiduría**, un conocimiento ancestral que te acompaña a lo largo del camino.

Aquí tienes una sencilla tabla de asociaciones que te ayudará a elegir la piedra y la hierba adecuadas para cada número:

Número	Planeta	Cristal	Hierba
1	Sol	El ojo del tigre	Laurel
2	Luna	Piedra de luna	Manzanilla
3	Júpiter	Amatista	Salvia
4	Urano	Aguamarina	Rosemary
5	Mercurio	Cuarzo verde	Lavanda
6	Venus	Cuarzo rosa	Rosa
7	Neptuno	Amatista	Jazmín
8	Saturno	Ónice	Mirra
9	Marte	Cornalina	Timo

Utiliza esta tabla como guía, pero déjate inspirar por tu intuición. Siente qué piedra o hierba te llama de una manera particular, qué vibración resuena con tu energía en este momento. No hay reglas rígidas: son herramientas, portales que te ayudan a entrar en contacto con el mundo invisible de los números.

Siempre que realices un ritual, recuerda que debes desprenderte de toda prisa, dar tiempo al tiempo. Cada número tiene su propia sabiduría que revelar, y a veces hace falta paciencia. Incluso el mero hecho de encender una vela y contemplar la llama, con el cristal entre las manos y la hierba perfumando el aire, ya es una forma de entablar un diálogo con el universo. **El**

misterio de los números no se revela de golpe: es un viaje, un viaje que te transforma, que te acerca a tu verdadera esencia.

Déjese guiar por el placer de descubrir cada número como un encuentro, un diálogo íntimo con la energía del cosmos. Con el tiempo, sentirás que la numerología se convierte en una segunda piel, una forma de observar no sólo el mundo exterior, sino también tu mundo interior. Cada número es como una estrella que brilla en tu constelación personal, y estás aprendiendo a conocer su posición, su influencia, su significado.

Por último, guarda este ritual como un pequeño refugio al que volver siempre que sientas la necesidad de una guía, una señal, un consejo. Y cuando estés listo para desentrañar nuevos misterios, mantente en contacto con **Templum Dianae**. Con las próximas publicaciones, seguiremos explorando juntos los secretos de la numerología caldea y las artes esotéricas, abriendo nuevas puertas en el viaje hacia el autoconocimiento y el autodescubrimiento.

CONCLUSIÓN

Hemos llegado al final de este viaje, pero el camino de la numerología caldea es mucho más amplio de lo que puedas imaginar. Cada página de este libro te ha acercado un poco más a la sabiduría antigua, a esas claves secretas que residen en el corazón de cada número, listas para revelarse sólo a aquellos que tienen la paciencia de buscar. Pero debes saber, querida alma en camino, que **una sola lectura no es suficiente**. La numerología caldea es como un laberinto de espejos: cada vez que vuelves a estos conceptos, descubres nuevos reflejos, perspectivas diferentes, niveles de comprensión más profundos. Este libro no es un manual para hojear y guardar; es una obra viva, que evoluciona contigo.

Tómate tu tiempo para sumergirte en sus palabras una y otra vez. **Cada relectura es un paso más profundo** en tu conexión con los números y tu subconsciente. La repetición, en este viaje, no es sólo estudio, sino una forma de abrir puertas ocultas. Sepa que los números y sus vibraciones esotéricas también tienen la capacidad de afectarle de un modo sutil, actuando a nivel del alma y encendiendo intuiciones, claves y recuerdos que emergen de lo más profundo de su ser. **Relee este texto al menos cinco veces.** Sí, me has oído bien: cinco veces. Sólo así se pueden activar las claves ocultas, despertando el conocimiento latente que ya está dentro de ti. No estás aquí para acumular conocimientos, sino para despertar lo que ya sabes. El poder de la numerología caldea va más allá de la mente racional; entra en el dominio del misterio, en la esfera de las percepciones e intuiciones que hablan a tu subconsciente. Cada número es portador de un mensaje secreto, y cada palabra que lees es una chispa que, repetida a lo largo del tiempo, despierta tu poder interior.

Cada vez que releas, se revelará una nueva capa. Las palabras parecerán cambiar, los conceptos adoptarán una forma diferente, como si **la numerología caldea tuviera su propia conciencia**, dispuesta a darte respuestas sólo cuando estés realmente preparado para recibirlas. No tengas prisa, no intentes comprenderlo todo de inmediato. Deja que la magia de la repetición trabaje para ti, permitiendo que cada símbolo, cada cálculo, profundice y toque cuerdas que ni siquiera sabías que tenías. Imagina este proceso como un ritual. Cada relectura es una pequeña iniciación, una llamada que el universo te envía para recordarte quién eres, para mostrarte nuevos matices de tu camino. No leas sólo con la mente, sino con el corazón, con la intuición. Siente cómo cada palabra te envuelve, como un fino manto que se ajusta a tu piel, despertando antiguos conocimientos. Y al releer, sentirás que el propio libro te habla, que cada frase lleva un eco, una energía que se amplifica. Pero no se detenga ahí. Esto es sólo el principio de un viaje. **Templum Dianae seguirá explorando los secretos de la numerología caldea** y las artes esotéricas, abriendo puertas a conocimientos más profundos, a misterios aún inexplorados. Cada publicación será un nuevo fragmento de este viaje, un paso más en tu descubrimiento de la verdad que yace en el universo de los números. Le invitamos a seguirnos, a dejarse guiar en esta exploración sin fin. Cada texto será una nueva clave, una nueva forma de comprender y profundizar su conexión con el conocimiento oculto.

Piense en este libro como en un mapa, pero un mapa que se enriquece y transforma cada vez que vuelve a él. **Cada lectura**

crea una onda que activa tu subconsciente. Es un camino hecho de ciclos, y cada ciclo te acerca a tu esencia, a esa parte de ti que siempre ha sabido lo que significan realmente los números, las vibraciones, los símbolos. La numerología caldea no es una ciencia exacta, sino un arte antiguo, una danza sutil entre tú y el mundo invisible. Y eso requiere tiempo, dedicación, apertura.

Releer el manual significa no sólo comprenderlo mejor, sino **permitir que sus palabras formen parte de ti**. Cuanto más practicas, más sientes que este conocimiento se entrelaza con tu vida, que echa raíces en lo más profundo de ti.

Cada página se convierte en un reflejo de tu camino, cada número en una guía silenciosa, una linterna que ilumina tus pasos. Y con el tiempo, sin apenas darte cuenta, sentirás que la numerología caldea fluye a través de ti como un río, fluido y natural, sin esfuerzo.

Esto no es una conclusión, alma querida. Es sólo un punto de paso, una llamada a continuar, a sumergirse una y otra vez, como un explorador que descubre nuevos mundos. Ten curiosidad, ten paciencia.

Los secretos se revelan a los que saben escuchar, a los que saben esperar. No necesitas nada más que confianza.

Cada vez que relees, activas una nueva parte de ti mismo, como una luz que se enciende poco a poco. No hay nada definitivo en este viaje: la verdadera magia reside en el seguir adelante, en el descubrimiento que nunca termina. Así que, cuando sientas la llamada, vuelve a estas páginas.

Deja que las palabras actúen sobre ti, que te lleven de nuevo a través de los símbolos, las vibraciones, las energías. Con cada relectura, descubrirás nuevas profundidades y, sin esfuerzo, la numerología caldea se convertirá en una guía fiel, una clave de lectura no sólo del mundo que te rodea, sino también del mundo que llevas dentro.

Cuando estés preparado para nuevos misterios, recuerda que Templum Dianae estará ahí para acompañarte.

Aún queda mucho por explorar, y te guiaremos por los caminos menos transitados, hacia **las respuestas que buscas**. Estamos aquí, en este viaje juntos, y el futuro aún guarda muchos secretos.

GLOSARIO DE TÉRMINOS

- **Numerología**: Estudio del significado esotérico de los números y su repercusión en los acontecimientos humanos.
- **Dígito**: Un solo número.
- **Número del Destino**: Número derivado de la fecha de nacimiento que indica grandes retos y lecciones vitales.
- Número **del Alma**: Número que representa los deseos y motivaciones interiores de una persona.
- **Número de Expresión**: Número que describe el potencial natural y los talentos.
- Número de nacimiento: Número directo del día de nacimiento que tiene sus propias influencias.
- **Trayectoria vital**: Número calculado a partir de la fecha de nacimiento que muestra la dirección principal de la vida de una persona.
- **Año personal**: Número que indica las tendencias y perspectivas para un año concreto.
- **Mes personal**: Número que describe las energías de un mes concreto.
- **Día personal**: Número que afecta a las actividades diarias.
- Números **Maestros**: Números formados por dígitos duplicados (como 11, 22, 33) que conllevan un mayor potencial.
- Cábala **Numerológica**: Aplicación de la numerología basada en principios cabalísticos.
- Numerología **caldea**: Sistema numerológico que asigna valores numéricos a las letras en función de su vibración.

- **Numerología pitagórica**: Sistema que asigna valores numéricos a las letras en función de su posición en el alfabeto.
- Número **raíz**: El número base de un número una vez reducido (sumando las cifras para obtener un solo número).
- Número **cíclico**: Número que indica periodos de tiempo repetidos en la vida de una persona.
- Tabla **pitagórica**: Tabla utilizada para convertir letras en números en numerología pitagórica.
- **Arco de transformación**: Intervalo de años en el que una persona experimenta cambios significativos.
- Números **Kármicos**: Números que indican las lecciones kármicas que hay que aprender en esta vida.
- **Números de ángeles**: secuencias de números que se cree que son mensajes de ángeles.
- **Sinergia numérica**: La interacción energética entre diferentes números.
- **Números de desafío**: Números que representan obstáculos personales que hay que superar.
- Números **de la Oportunidad**: Números que indican momentos potenciales de suerte o éxito.
- **Números repetitivos**: Secuencias de números que aparecen repetidamente en la vida de una persona.
- **Matriz Numerológica**: Esquema numérico completo de una persona derivado de su fecha de nacimiento y nombre completo.
- **Astro-Numerología**: La integración de la numerología con la astrología.
- Números **Solares**: Números asociados al Sol que influyen en la personalidad exterior.

- Números Lunares: Números relacionados con la Luna que influyen en las emociones y la intuición.
- Números de **la realidad**: Números que representan la percepción externa de una persona.
- **Carta de Armonización**: Una configuración numérica que muestra cómo equilibrar las energías personales.
- Números **Dinámicos**: Números que indican movimiento y cambio en la vida de una persona.
- Números **estáticos**: Números que indican estabilidad y persistencia.
- Números **equilibradores**: Números que ayudan a equilibrar otras energías numéricas.
- **Análisis Transitorio**: Estudio de los números que influyen en una persona en un periodo concreto.
- **Números evolutivos**: Números que representan el crecimiento y desarrollo personal a lo largo de la vida.
- Número de **compatibilidad**: Número que indica la compatibilidad numerológica entre dos personas.
- Número de **conflicto**: Número que indica posibles problemas en las relaciones.
- Número de **síntesis**: Número que representa la integración de diferentes energías.
- Número **potencial**: Número que indica las posibilidades futuras.
- Número de **Resonancia**: Número que resuena más fuertemente con una persona o situación.
- **Código numérico**: conjunto específico de números que tienen un significado concreto para una persona.
- Número de **Activación**: Número que activa o desencadena eventos o energías específicas.

□ Números **sutiles**: Números que influyen de forma menos obvia o directa.

□ Números de **crecimiento**: Números que indican áreas de expansión potencial.

□ Número de **Resonancia**: Número que tiene una resonancia o importancia particular.

□ Números de **transición**: Números que señalan cambios o transiciones.

□ Números **Elementales**: Números asociados a los elementos clásicos (tierra, aire, fuego, agua).

□ Números **Fundamentales**: Números que forman la base de una personalidad o situación.

□ Números de **culminación**: Números que representan la consecución de un objetivo o comprensión.

□ Números **Universales**: Números que tienen un significado general, aplicable globalmente.

□ Números **personales**: Números que tienen un significado específico para el individuo.

□ Números **decisivos**: Números que indican momentos de grandes cambios o decisiones.

□ Números **Místicos**: Números que encierran un significado profundamente espiritual o misterioso.

□ Número de **equilibrio**: Número que ayuda a mantener o restablecer el equilibrio energético.

□ Números de **energía**: Números que representan diferentes formas de energía en la vida de una persona.

□ Número **Revelación**: Número que revela información oculta o no manifiesta.

□ Números **de Intensidad**: Números que intensifican energías o experiencias.

□ **Número de la Reconciliación**: Número

que ayuda a resolver conflictos o diferencias.

□ Números de **la Ascensión**: Números que representan la elevación o el desarrollo espiritual.

□ **Número de inicio**: Número que señala el inicio de un nuevo ciclo o fase.

□ Número de **cierre**: Número que indica la conclusión o finalización.

□ Números de **fijación**: Números que estabilizan una situación o condición.

□ **Números de** retos importantes: Números que representan retos importantes que deben superarse.

□ Números de apoyo: números que ofrecen apoyo o asistencia.

□ Números de **protección**: números que proporcionan protección o defensa.

□ Números de **Liberación**: Números que facilitan la liberación de limitaciones o restricciones.

□ Números de restablecimiento: Números que ayudan a restablecer condiciones o situaciones.

□ Números **de Transformación**: Números que indican o facilitan cambios profundos.

□ Números de **purificación**: Números que ayudan a aclarar o purificar situaciones.

□ Números **de la Iluminación**: Números que aportan claridad, comprensión o iluminación.

□ Números de **Manifestación**: Números que ayudan a manifestar deseos o intenciones.

□ Números **que aumentan la** fuerza o la resistencia

OTRO LIBRO DE TEMPLUM DIANAE PARA USTED

https://www.amazon.es/Diosas-Oscuras-ejercicios-meditaciones-interior/dp/B0DK2TL96J

Otro libro de
Templum Dianae para usted

el libro de los testimonios

lo que dicen las lectoras sobre los libros de Templum Dianae.
(en todos los idiomas)

 Marruskaa

Bella scoperta

Recensito in Italia il 12 agosto 2024

Il testo è scritto in modo chiaro e scorrevole, perfetto per principianti! Quando mi sono avvicinata a questo tipo di mondo all'inizio non avevo ben capito cosa fossero e a cosa servissero. Tuttavia, il loro fascino mi ha spinto a continuare cercare di capire, finché non ho trovato questo libro. Ora tengo questo tomo sempre sul mio comodino e non posso più farne a meno! Davvero consigliato!

 Jamie L.

Learn about powerful archetypes and how to use them for yourself!

Reviewed in the United States on October 12, 2024

Verified Purchase

This book gives a comprehensive overview of dark goddesses from different times and regions--Egyptian, Slavic, Roman, Greek, etc.

It gives enough information about each that you can feel into which one speaks to you at different times in your life.

I've often heard people talk about "working with" goddesses or goddess energies and I had no idea what that meant or how to do it! This book provides different ways to do this--like specific rituals or practices (and there's even a guided meditation with a link to an MP3 file included!) so you can not only learn about the goddesses but also start to incorporate different practices to begin working with them for your own personal transformation.

 Rose Anderson

Beautifully written and immensely powerful

Reviewed in the United States on October 8, 2024

Verified Purchase

What a wonderful gift for any modern-day witch or pagan—and everyone else, too.

The first part of "Wicca Lunar Calendar—2025" offers insight for living in these times, self-care, and even wisdom of the cosmos—for a start. It then goes through every month of 2025 in almanac style, with the cycles of the moon, the holidays, and more. There's also a glossary at the end.

It's beautifully written and immensely powerful.

dorawatson96

nützlich für diejenigen, die sich Wicca nähern

Bewertet in Deutschland am 1. Oktober 2024

Ich habe mich dieser Welt im letzten Jahr genähert und habe diesen Kalender in meiner Bibliothek. Ich finde ihn sehr nützlich als Unterstützung auf diesem Weg, den ich eingeschlagen habe

Narnya

Sehr interessant

Bewertet in Deutschland am 12. Oktober 2024

Verifizierter Kauf

Endlich eine gute Beschreibung über Samhain. Zur Erinnerung.
Ich werde das Buch weiter meinen Kindern auch empfehlen.
Vielle Dank ☆

Geneviève

Très intéressant

Avis laissé au Canada le 1 mars 2024

Achat vérifié

Grand calendrier lunaire, très complet et beaucoup d'explications intéressantes. Parfait pour associer au livre de wicca magie blanche.

Steven H.

Una Guía Completa de la Numerología Antigua y los Números Angelicales

Reviewed in the United States on August 1, 2024

"La Numerologia degli Antichi - Numerologia Caldea e Numeri Angelici" es una compilación excepcional para cualquiera fascinado por el mundo místico de los números. Este paquete 3 en 1 cubre los detalles intrincados de la numerología, el significado de los números angelicales y los sistemas de numerología antigua, ofreciendo una exploración completa y atractiva de estos temas.

El autor proporciona tablas, cálculos y explicaciones claras y detalladas, haciendo que los conceptos complejos sean accesibles tanto para principiantes como para entusiastas experimentados de la numerología. Cada sección está bien estructurada, permitiendo a los lectores seguir fácilmente y aplicar el conocimiento a sus propias vidas.

Ana J

La Influencia de la Luna

Reseñado en Estados Unidos el 8 de septiembre de 2024

Compra verificada

Este libro trata de las fases de la luna a la vida moderna, cubriendo todo, desde las rutinas de belleza hasta la jardinería. Al crecer, a menudo escuchaba a los mayores hablar sobre cómo la luna influía en la agricultura y los animales, y este libro refleja esas tradiciones. Las secciones de las fases lunares ofrecen informacion sobre cómo aprovechar la energía lunar para tener resultados óptimos en la jardinería y de belleza. Es una guia interesante para quienes buscan alinear muchas de sus rutinas con la naturaleza.

Otro libro de
Templum Dianae para usted

Sarah Barry

★★★★☆ **Practical exercises**

Reviewed in the United States on September 30, 2024

Verified Purchase

"Twin Flames: Love Yourself and Manifest Ultimate Love" provides practical exercises for healing emotional blocks and attracting love through the Law of Attraction. Worth reading for those seeking self-love and deeper connections.

Daphne H

★★★★☆ **Muy bueno!**

Reseñado en Australia el 15 de septiembre de 2024

Compra verificada

Cuidar el jardín a través de los movimientos de la luna es una idea genial, ya que en la naturaleza todo está conectado y sin duda los ciclos lunares pueden influir tanto positiva como negativamente. El libro incluye un montón de tips de los cuáles tomé nota.

Regina Stone

★★★★☆ **Always been curious...**

Recensito negli Stati Uniti il 28 settembre 2024

Acquisto verificato

I'll be honest: I'm not sure I am the intended audience for this book.

I've never been a firm believer in astrology, but my lifelong curiosity drew me to "Moon Calendar 2025."
It was a fascinating read overall, very interesting even if not 100% convincing to my cynical nature.

I would have given it 5 stars but I did find the book a little too sophisticated a launching point for readers new to astrology. However, if this is not an introduction for you - and you are a believer - then I think you will find value in these pages.

contenido incluido

¡Enhorabuena por recibir este libro!
Si deseas atraer y manifestar más Amor y Abundancia y descubrir temas y espiritualidad, únete a la comunidad de Templum Dianae y recibe gratis meditaciones guiadas en formato MP3 para despertar tu interior.

Esta meditación guiada está diseñada para manifestar tu sueño interior en la vida cotidiana.

Siga este enlace
templumdianae.com/es/bookmp3/

Otro libro de
Templum Dianae para usted

Referencias bibliográficas
y lecturas recomendadas

- **Numerología Evolutiva Esotérica** - Templum Dianae Media - 2023
- **Los números de los ángeles** - Templum Dianae Media - 2023

Todos los derechos reservados. Queda prohibida la reproducción total o parcial de este libro sin la autorización escrita de los titulares de los derechos de autor. Todas las imágenes contenidas en este libro han sido reproducidas con el conocimiento y consentimiento previo de los artistas en cuestión, y el productor, editor o impresor no aceptan ninguna responsabilidad por cualquier infracción de los derechos de autor o de otro tipo derivados de los contenidos de esta publicación. Se ha hecho todo lo posible para que los créditos reflejen fielmente la información facilitada. Pedimos disculpas por cualquier inexactitud y corregiremos la información inexacta o que falte en una reimpresión posterior del libro.

Texto © 2024 Templum Dianae Media

www.ingramcontent.com/pod-product-compliance
Lightning Source LLC
LaVergne TN
LVHW091056150826
845673LV00002B/599

* 9 7 9 8 2 3 0 3 4 7 2 4 8 *